年齢は取材時のもの

序章　パッポン通りの性転師

パッポン通りの性天使

２０１８年8月29日、私はタイ王国の首都・バンコクを訪れた。

性同一性障害[★1]を持つ人々が抱える問題や、タイにおける性別適合手術[★2]——かつては性転換手術と呼ばれていた——事情を取材するための出張だった。約1週間の滞在で、予定は詰まっていたし、海外取材であることや、人権や医療に関わる難しいテーマということもありナーバスになってもおかしくなかったが、どこか浮き足立っていた。おそらく、同行していた坂田のせいだった。

坂田洋介は、タイでの性別適合手術を斡旋する「アテンド業」を営んでいる。スキンヘッドに口ひげ。１７８センチ、体重は80キロ超えと恰幅《かっぷく》がよく、この日は、仕立てのいいシャツにブランド物のサングラスをかけていた。68歳なのだが、実際より若く見え、バブルの匂いもする。商売人らしい雰囲気をまとった「オッサン」だ。

ホテルに荷物を置き、ショッピングモールのフードコートでタイ料理のパッタイやらを頬張って腹を満たすと、坂田はおもむろに言った。

「そういうところ、行ってみましょうか」

坂田が言うのは、いわゆる「ゴーゴーバー」が密集する歓楽街のひとつ、通称「パッポン通り」のことだった。坂田は顔なじみの露天商の中年女性とカタコトの英語で楽しそうに冗談を交わしながら、あやしげにネオンが照らす蒸し暑いその街を案内してくれた。

薄着の若い女性や同性愛者とみられる男性が「しゃっちょさーん」と満面の笑みで腕を引っ張ってくる。前を歩く坂田は人混みを器用にかきわけて進む。そして、ある店の前で立ち止まった。入口にかかったカーテンをめくって中を覗きながら「この店はニューハーフの子ばかりみたいです。入ってみましょうか」と言うなり薄暗い店内に足を踏み入れた。

大音量のクラブミュージックが流れる店内は、ミラーボールでキラキラと輝いていた。案

★1　性同一性障害…GID＝Gender Identity Disorder。一般的には「心の性」と「体の性」の不一致とされるが、正確には、「出生時に割り当てられた性別と、自分が確信し表現する性別との間に何らかの不一致を感じ、性別に関する一貫した感覚を形づくることができず、社会生活を送ることに苦痛や困難を生じている状態」（石田仁『はじめて学ぶＬＧＢＴ　基礎からトレンドまで』）を指す。アメリカ精神医学会が作成する「精神障害の診断と統計マニュアル」の第3版（DSM-Ⅲ）で、この概念が生まれた。医学的な疾患名だが、日本では、報道やドラマの影響もあり90年代後半から一般社会でも用いられる。「障害」とみなし矯正するという解釈も成り立つことから、現在はこれに代わる概念として「性別違和（Gender Dysphoria）」、あるいは「性別不合（Gender Incongruence）」に置き換わりつつある。本書では一般社会への浸透度を考慮し、基本的には「性同一性障害」を使用する。

★2　性別適合手術…SRS＝Sex Reassignment Surgey。２００２年に日本精神神経学会が正式名称を「性別適合手術」とし、この呼称が一般化しつつある。

内された背の高い丸椅子に座り、シンハービールを注文する。グイッと流し込んで前を見れば、数メートル先に設置された円形のお立ち台に、15人ぐらいの若い女性が立っていた。笑顔を振りまき、目が合えば優しく手を振ってくれる。ビキニ姿に、ハイヒール。目のやり場に困ったのも最初だけだった。あの子が可愛いな……。いや、あの子も……。横でビールを飲む坂田の存在が気にはなったが、踊る女性たちを目で追っていた。

「この子たち、みんな男だったんですよ。すごいでしょう」

そう言って坂田はお立ち台からしきりに笑顔でアピールしていた1人の女の子に合図した。指名を受けた小柄なその子は、大きく手を振り坂田の横まできびきびとした足取りでやってくる。「ここの子たち、みんな体が小さいでしょ。タイでは女性ホルモン剤が薬局でも手に入るので、子どもの頃からやってたりするんですよ。早く始めれば体が大きくならないからね」。そばに来た女の子の腰に手を回しながら、坂田が続ける。なるほど、そういうことなのか……と思いながら、彼女の身体をまじまじと見てしまう。

「性器ももちろん手術してますよ。だから完全に女の子です」。その女性は坂田が身振り手振りを交えて話している内容を察したのか、ビキニパンツのゴムを引っ張って、手術済みであることを私に確認させてくれた。股間を覗き込むと、たしかに自然に「仕上がって」

いる。というか、手術したこと自体分からない。本当に男性だったのか？と疑問すらわいた。「タイの子はきれいに手術できたことが嬉しくて、自慢したい気持ちがあったりするんですよ」。驚いている私に坂田が解説を続けた。

30分ぐらい経っただろうか。私と坂田は店を仕切る中年女性に怒られながら外に出た。ゴーゴーバーでは、指名した女の子と飲んだあと、追加料金を払ってホテルなどに連れ出すのが通常の「遊び方」なのだ。そうしない我々に手術痕を見せてくれた女性も不満げで、おわびのつもりで多めのチップを手渡し、そそくさと逃げるように出てきたのだった。

「昔はよく遊んだもんですよ。今は妻がいますから、しませんけどね」。懐かしそうに笑う坂田とともにホテルに戻り、翌朝からの取材に備えることにした。

自室に戻り、シャワーを浴びようと全裸になった。鏡に写る自分の全身を、まじまじと確認してみる。175センチの身長。大きめの顔。ビール腹へと確実に成長しはじめている腹回り。そしてその下に、小さく縮こまった仮性包茎のペニスがちょこんとくっついていた。30歳男性のだらしない全裸だ。当たり前に存在していたと思っていたペニスだが、これが自分の股間についていることは当たり前ではないのかもしれないと思った。

「性転師」とは

私は2018年から2020年3月現在に至るまで、性同一性障害や性別適合手術をテーマに取材を進めてきた。偶然坂田と出会ったことをきっかけに関心を持ち、当事者や医療従事者を中心に話を聞かせてもらってきた。その内容をもとに、「ルポ・心の性を求めて」という全8回連載の新聞向け記事を執筆し、勤務先の共同通信をつうじて全国の新聞社に配信した。この連載では当事者やその家族を中心に追いかけたが、本書では少し角度を変えて、その周辺者である、坂田たち「アテンド業」の視点から、この世界を描写することにした。

アテンド業の業務内容は、簡単に言えばこうなる。性別適合手術をタイで受けたい日本人を募集し、現地の病院や旅行会社と連携し、渡航から帰国までを手伝い、仲介料を取る。性器に関わる医療行為、東南アジアという土地、そして仲介料＝マージンを取るというそれぞれの要素が組み合わさり、一見「あやしい」仕事に見えなくもない。

彼らはいってみれば、性別適合手術を受けるわけでもないし、ましてや実際に執刀をする医師でもない。営利目的で、その二者を結びつけるビジネスパーソンだ。本書では、彼らが従事する「性転換ビジネス」の変遷を描くことで、性同一性障害を持つ人々がここ20年ほど置かれてきた状況の一端を浮かび上がらせたい。

本書では、アテンド業に携わる人々を「性転師」と呼んでいる。「師」と付く職業は詐欺師だとか、山師、地面師とか、犯罪性やグレーな要素を帯びたものを連想する。敢えてそう呼びたいのは冒頭から触れてきた坂田のあやしげな雰囲気に、妙にぴったりとハマるからだ（坂田はそう呼ぶことを笑いながら承諾してくれた）。

そして、性器の手術というデリケートで命にも関わる事象に、医療従事者でもなく、国や公的機関でもなく、大企業でもなく、一民間人、自営業者が深く関わっている、関わらざるを得ないという状況自体を「性転師」というグレーな響きに込めた。ご理解いただいた上で、読み進めていただければ幸いだ。

＊

性同一性障害を抱えた人々を取り巻く環境はこの20年で劇的に変わった。激動の時代だったと表現しても差し支えないだろう。年齢が10才違えば当事者間でもその境遇や考え方に大きな差がある。そして現在進行形で、新しい問題も生まれている。

本書でその一端を垣間見ることができると思う。そしてそれが性同一性障害や性別適合手術を偏見やイメージではなく、その実情を知る助けになればうれしい。

まずは坂田がなぜ性転師になったのか。そこから始めよう。

第1章　性転師の仕事

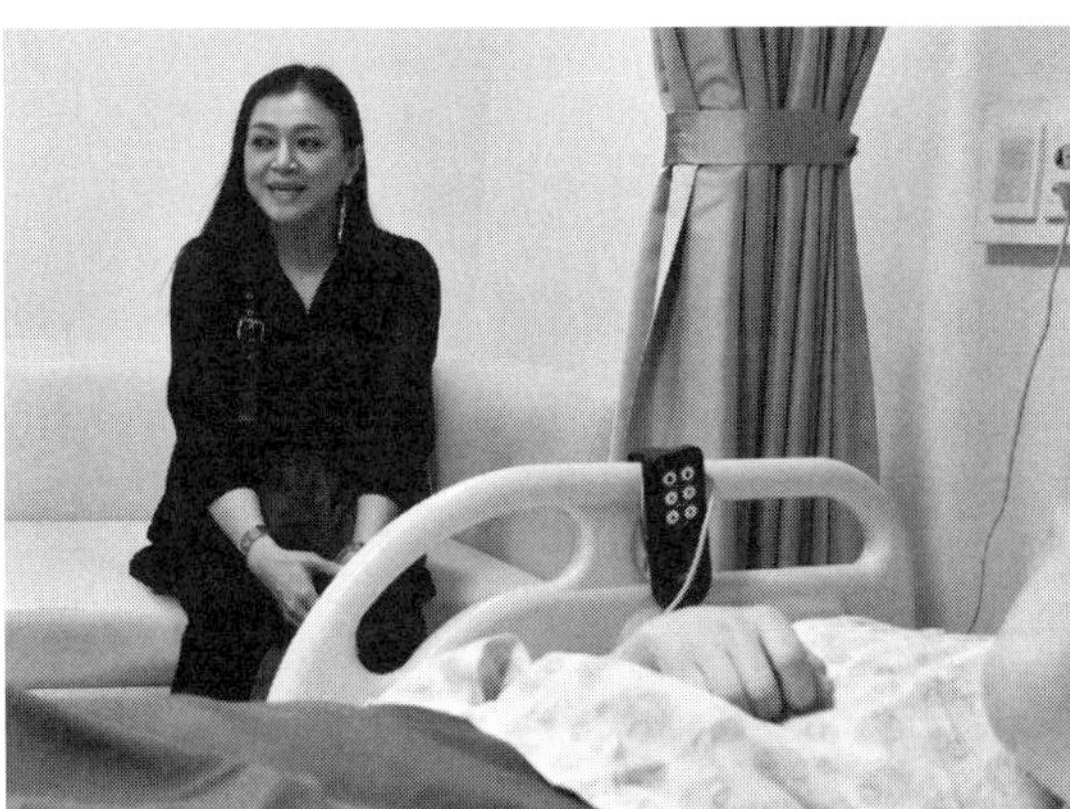

坂田との出会い

2018年5月16日。地下鉄御堂筋線の心斎橋駅で降り、大丸百貨店そばの出口を出て東へまっすぐ歩く。騒がしい夜の雰囲気とは異なり、静まった心斎橋筋の脇道をさらに東へ。

勤め先の共同通信社で約4年半、大阪社会部に在籍していた。初任地の香川から大阪に転勤してすぐ大阪市内南部エリアの事件担当になった。南警察署にもよく出入りし、同僚とも飲み歩いたからこの辺りは慣れている。春から神戸支局へ異動になったが、ある取材の約束で、先方が待ち合わせ場所に大阪を指定したので戻って来た。

東へ10分も歩けば周囲はすぐに島之内のオフィス街になる。スマートフォンの地図と周囲を交互に見ながら、目当てのビルのエントランスに到着した。何の変哲も無いオフィスビルだ。

ビルの案内板の中に「アクアビューティ」の表札を見つけた。これから訪問する会社だ。社長の顔写真を会社公式サイトで事前に確認しておいたが、口ひげを生やして笑みをたたえる大きな丸顔はインパクト抜群だった。トップページには「海外美容整形アテンドのパイオニア」と書いてあった。「少しの勇気と決断で本当の自分自身を取り戻しませんか」というキャッチコピーが見える。あやしい。普段の生活では出会わないタイプの人物と対面するのは記者の仕事の醍醐味とはいえ、やや緊張しながらエレベーターで5階に上がった。オフィス内はこぢんまりとしていて、社長と中年男性1人がデスクでパソコンに向かっていた。来客に気付いた社長が立ち上がり、応接スペースに招かれる。これが坂田との最初の出会いだった。

この時取材した内容は本書のテーマからは外れるので割愛するが、デスクから指示されたミッションを遂行するタイプの仕事だった。用意した質問を一通り聞き終え、ICレコーダーを止めるタイミングを伺っていた時、ふとウェブサイトの「海外美容整形アテンドのパイオニア」の文字列が思い出された。それで、「こちらは、何をしている会社なんですか。海外の美容整形ってホームページで見ましたけど」となんとなく興味本位で聞いてみた。

気付けばICレコーダーはその後1時間も録音が継続されていた。それほど話し込んでしまった。「へー!」「えー!」「うおー!」。後で音声ファイルを聞き返すと、自分の奇妙な相づちと、坂田の熱を帯びた説明がしっかりと録音されていた。

「面白い、ネタになる」

坂田は想像していたよりずっと物腰が柔らかかった。しゃべり方が丁寧で、分かりやすい。だからと言って話していてリラックスできるわけでもなく、低い声でピリッとした緊張感も醸す。長年、坂田が事業主として仕事をしてきたことが後で分かって合点がいった。人の懐にたくみに入り込むし、交渉ごとも得意なタイプなのだ。それに、68歳と年齢を聞いて驚いた。お世辞ではなく「10歳は若く見えます」と言った。これには満更でもなさそうな笑顔を見せた。「こっちの方もまだまだいけるんですよ」と冗談っぽく自分の股間を指さして笑う。「マジですか」と思わず乗り出してしまう。笑いのツボを早くも把握されたようだった。

「30年以上この会社をやっているんですけど、最初の頃はファッションビジネスをしていたんですよね。洋服のデザインです。トラサルディとか知ってます？　ブランドの。あそこのジーンズのデザインとか請け負っていたんですよ。色々とヒットのための仕掛けをしてね。それは結構売れたんだけど、だんだんファッションのビジネス自体がうまくいかなくなってきて。それで今度はタイの病院で美容整形をしたい人の仲介に乗り出したんです。今度は整形を通じて人生のデザインをするっていうかね。そういう共通点はあります」

「共通点」についてはこじつけた感じがあるが、うなずきながら話を聞いた。坂田は続ける。「性同一性障害って最近聞くでしょう。最初は美容整形の仲介でやってたんですけど、そういう人たちの性別適合手術の仲介がメインになっていったんです」

坂田は顧客向けの資料を取り出した。ノートパソコンには術例写真を次々と表示させる。術例写真とは、つまるところ性器の写真だ。男性器があったところに形成された陰唇やクリトリス。あるいは女性器のあった部分にペニスが形成された写真。それを一つひとつ指さしながら解説は続く。「これは反転法って言うんですけどね」「こちらはＳ字結腸という腸を活用した方法なんですが」などと詳細に解説してくれる。料金について尋ねると、男性器から女性器に変える手術では、渡航費や宿泊費とパックで１００万円程度はかかるという。女性が子宮や卵巣を摘出し、最終的に陰茎を形成するには計３回の渡航が必要で、こちらは計３００〜４００万円ほどかかる。大金だ。

まさか雑談のつもりがこんな展開になるとは想像していなかった。坂田が話す内容にグイグイと引き込まれていた。口ぶりは丁寧で、熱がこもっていている。仕事で練りあげた話術だと分かっていても引きつけられた。聞き終わり、一呼吸置いて「これ、後日もっと詳しく取材させてもらえないですか」と尋ねた。「面白い、ネタになる」と思った。

神戸支局に赴任し、与えられた担務は「遊軍」だった。新聞業界独特の言い回しだろうが、遊軍記者は厳密に担当分野を持たず、比較的自由にテーマを決めて特集や連載など大きめの企画を立てることが求められる。ちょうどテーマを探していた時期で、直感的にビビッときた。性同一性障害というテーマは新聞やテレビでこれまでも取り上げられていたが、それでもこれほど具体的に手術の内容は知らなかった。手術内容や費用が具体的に分かり、しかも多くの人がタイに手術を受けに行っていることを知り、性同一性障害に対する印象が一気に変わるような感覚があった。強い痛みも伴うであろうこれほどの手術を、大金を投じてでも受けたいということは、よほど強い意思があってのことなのだろう。ペニスにメスを入れるなんて、想像するだけで身震いした。でも、それをしたいのだ。その強い意志と、背景にある悩みをうまく記事にして伝えられないかと思った。

取材の条件

坂田は取材の申し出を承諾しつつ、条件を出してきた。

「ちゃんと真面目に取り上げてくれるなら、協力しますよ。面白おかしく、キワモノのように扱うのはダメです。これまでもテレビのバラエティ番組から、手術経験者を紹介してくれないかと依頼を受けて、それは断ってきたんです。たとえば男から女になる人をニューハーフって言って、「オネエ」のイメージを持っている人が多いんです。彼女らは『なんか面白いこと言って欲しい』とか平気で言われるんですよね。でもそんな人10人、いや20人に１人もいないですよ。うちに来るお客さん、普通の人ですよ。「オネエ」キャラは僕に言わせたら、やらされているだけ。テレビに出る時にはそうしてくれと、演じてくれと言われるからやっているんだと思いますよ」

もちろん真面目に取り上げるつもりで申し出ていた。

「当然です。共同通信社は全国の新聞社に記事を配信するわけですから、キワモノ扱いなんてしません。それはお約束できます」。はっきりそう言って、また会う約束を取り付けた。

帰り道、まだ春の陽光が照らすミナミの街を歩いて心斎橋駅に戻った。坂田の最後の言葉がひっかかり、少し胸に手を当てて考えてみたくなった。真面目に取り上げたいというのは偽らざる本音だった。ただ、坂田の話に身を乗り出して聞き入ったあの時の気持ちはどうだったろう。うわー、性器の写真だ……と思って見入ったのではなかったか。思わず発した「すげー」という言葉は、純粋に「素晴らしいですね」という意味だっただろうか。坂田の言う「キワモノ」として興味を持ったのではないのだろうか。

一方で、坂田の言葉だって純粋には受け取れなくなってくる。性器の術例写真を見せて説明する時「この記者に面白いものを見せてあげよう」という気持ちはなかっただろうか。私も坂田も、性同一性障害の当事者ではない。あの1時間あまりのやりとりを、非当事者の男2人で「キワモノ」の世界をのぞき見て面白がった、と捉えることもできるかもしれない。

住みはじめたばかりの三ノ宮駅に着いてからも、簡単に答えは出なかった。ただ、坂田という人物に興味を持ったことは間違いない。彼が「下ネタも言う普通のおじさん」ながら、最後の言葉のように性同一性障害の方に対して真摯な気持ちを持っている。そのことをもう少し深掘りしていきたかった。だから、迷いながらも取材は進めて行こうと思った。

坂田は協力的だった。あるいは単に「仕事ができる」のかもしれない。すぐに紹介できそうな手術希望者をピックアップし、タイに同行取材する場合の日程の候補などもメールで送ってくれた。大阪に再度出向き、打ち合わせをした。連載の企画書を書き上げて上司にあたるデスクに提出し、支局長に海外出張の申請を出した。地方支局から海外出張に気軽に行けるものではないが、デスクと支局長が取材の趣旨説明に耳を傾け、本社に掛け合ってくれた。そして8月末、ついに関西国際空港で坂田と落ち合った。このあやしげなおじさんと、タイに行く。手術希望者を取材すると同時に、坂田という人物、アテンド業に携わる人々に迫る旅が始まった。

アテンドに密着

タイ国際航空の機内で横の席に座った坂田は、機内食をおいしそうに食べ、キャビンアテンダントにウィスキーのロックを頼んでグイッと飲み干した。「これを飲んで少し眠ると時差ぼけに対応できるんですよ」と言い訳めいたことを言いながら座席の背もたれを倒し、目を閉じる。坂田は普段、日本での相談受付や契約関係を担当し、タイ現地に行くのは年1回程度だ。今回はちょうどタイの病院幹部と打ち合わせたいことがあり、日程が合う日は取材に同行してくれることになっていた。

6時間ほどのフライトを経て到着したバンコクのホテルは、スクンビットという日本人駐在員が多く住む地域にあった。バンコク市内中心部を東西に貫くモノレールの駅近くには、巨大で近代的なショッピングモールがそびえ立ち、高級ブランドのブティックが入居している。地下の食料品売り場は日本の「デパ地下」と似た雰囲気だった。総菜などの値段も日本と変わらない。経済成長に伴って物価が上昇していることが分かる。

ただ、一歩外に出れば交通渋滞をすり抜けるために重宝されるバイクタクシーがずらりと待機していて、東南アジアらしい雰囲気になる。コンビニの前に堂々と屋台が出店し、好みの中華風惣菜をご飯の上にのせてもらうB級グルメが80円ほどで買えた。時々道路の排水溝のそばを通ると、生臭い異臭を含む暖かい空気を感じた。「雨がザーッと降った時は気をつけてくださいね。やんだあと、この排水溝からゴキブリがウワーッと外に出てくることがあるんですよ」。坂田の何気ない解説に身の毛がよだった。

ホテルの部屋は広々としていて清潔で、1人で泊まるのにセミダブルのベッドが2つあった。キッチンや冷蔵庫も備え付けてあり、長期滞在向けだ。実際に長期出張の日本人ビジネスマン御用達らしい。このタイプの部屋に、アクアビューティの客も入院の前後に滞在する。手術内容にもよるが、1週間ほどの病院への入院期間以外に、手術の前後で計2週間〜1ヶ月間はホテルに滞在し、この部屋で定期的に術後のメンテナンスをしたり、通院して経過を診てもらったりする。最後の診察で経過良好と診断されれば帰国するという流れだ。坂田は「最近、別のアテンド会社もこのホテルを予約するようになったんですよ」と漏らす。リーズナブルで、長期滞在向きで、近くに日本の環境と似たショッピングモールがあるホテルを探すのは難しいらしい。

現地スタッフ「ミドリさん」

到着翌日から早速、事前に約束していた通り「アテンド業」の業務に同行させてもらいながら、手術前後の当事者に取材させてもらうことになった。朝からホテルのロビーで通称「ミドリさん」（本名・ギーラティガーン）と落ち合う。ミドリさんは30代後半のタイ人女

性で、アクアビューティと提携する現地の旅行会社に所属している。実質的にはアクアビューティの現地スタッフのように働いており、滞在中の客の送迎や見舞いなどのケア、タイ人の医師や看護師と日本人の客のあいだで通訳を担っている。幼少期に日本に住んでいたので、日本語もタイ語も流ちょうだ。

ミドリさんは初対面の日本人客によく会っているせいか、「はい、よろしくお願いしまーす」と慣れた様子で挨拶された。すらりと身長が高く、媚びない雰囲気が頼もしい。これから異国で手術を受けるという時に、ミドリさんが現れたら安心感があるだろうと想像した。ホテルの車寄せに待機していたセダンのタクシーに一緒に乗り込む。ほぼ毎日、ミドリさんの専属のように働いている30歳ぐらいの男性ドライバーがハンドルを握っていた。もの静かで、ミドリさんと気が合うらしい。今回は坂田も同乗し、4人で市内のミラダ病院に向かった。前日に男性から女性への手術を受けたばかりの客がすでに入院している。その見舞いが目的だ。「お見舞い」はアテンド業の重要な業務のひとつらしい。

ミラダ病院は取材当時まだ開業間もない、新しい個人病院だった＝写真＝。裏口から入る駐車スペースにタクシーを止め、ミドリさんと坂田と一緒に降りた。通用口で靴を脱いで用意されていたサンダルに履き替える。優しい笑みをたたえたグリチャート医師が出迎えてくれた。57歳ながら中年太りとは無縁のスマートな体型のグリチャートは、バンコクの有名な巨大美容整形病院「ヤンヒー国際病院」で20年以上勤めたあと、独立したばかりだった。当時はまだ引き留められていてヤンヒーにも在籍している形になっていたが、実質的にはこの個人医院であるミラダ病院を取り仕切っていた。男性から女性への手術を得意としている。

坂田とグリチャートは久しぶりの再会らしく、土産物を手渡したり、固く握手をしたりして親しげだ。会話はミドリさんが通訳する。合間に、院内での取材や写真撮影の許可を求めた。グリチャートは「全く問題ない」と笑顔で手を振った。

入院中の患者は上階の個室にいた。ノックしてスライド式の扉を開けると、モワッとした湿った空気に包まれ、消毒液のにおいが鼻をついた。部屋自体はきれいで清潔だ。ベッドに横たわっていたのはケイコさん＝仮名＝。20代前半の医学生だ。タイに出発する前に、

ＬＩＮＥのビデオ通話取材で、手術を1週間後に控えた心境を聞いていた。その時は聡明で明るい印象だったが、病室ではぐったりした様子だ。男性器のあった部分に女性器を形成する手術を終えたばかりで、痛みに耐えていた。鼻からは胃液を排出するチューブが伸びている。坂田やミドリさんを差し置いて「大丈夫ですか、つらいですか」といきなり声をかけてしまった。

「おなか切っているところがまず痛いのと、患部が腫れ上がっちゃって。きのう無意識に動いちゃったのもあって、それが痛いって感じです」。絞り出すように話すケイコさんの横で、ミドリさんは慣れた様子でうなずく。患部を確かめながら「まだ冷やしていますか？」「いや、もう冷やしてはいないですね」と看護師と患者のようなやりとりが続いた。さらに「2ヶ月後には（腫れは）完全に戻っていますよ」とミドリさんが励ます。「3日後にはお水を飲めるようになって、それで大丈夫だったらスープを飲めます。ごはんが食べられるようになるのは1週間後かな。まずはゼリー状の流動食ですね」と今後の見通しも説明した。

ケイコさんのように、手術後の当事者は基本的に病室で大半の時間をひとりで過ごす。「時々痛み止めをもらって少しましになるから、それで友達に連絡を取ったりするんですけど、基本的にはしゃべり相手もいないから、ひたすら長い1日を痛みに耐えながら過ごすって感じですね」とケイコさんは言う。この時期に、1日1回はミドリさんのようなアテンド会社のスタッフが見舞いに訪れる。患部の状態を確かめ、雑談をして、病院への要望があればその伝達役を担う。

20分ほどケイコさんの病室に滞在した。ミドリさんは「また明日も来ますね。何か困ったことがあったらナースコールを押して、私の携帯にもいつでも電話くれてよいですからね」と励まし、病室をあとにして別の客の元に向かった。

5時間の手術

翌日もまたミドリさんとホテルのロビーで待ち合わせた。その日は、昨夜タイに到着した客を病院の初診に連れて行く業務があった。間もなくしてロビーに20代のレイカさん＝仮名＝と両親が現れた。レイカさんは男性から女性への手術を受ける。坂田も合流し、車に乗り込んだ。今回は人数が多いこともあり、送迎用にトヨタのハイエースが準備されていた。

向かった先は同じくバンコク市内のガモン病院。ヤンヒー病院と並んで、性別適合手術の分野で名が知られている中規模病院だ。レイカさんは友人がガモン病院で手術をしていたので、同じ病院で受けたいと希望した。両親の同行は珍しいらしく、ミドリさんも少し驚いていた。事前に許可を得ていたので、車内でレイカさんと両親に質問を投げかけてみたが、2人とも口が重い。手術を受けるレイカさん本人以上に、両親の表情から緊張の色が見てとれる。母親は車窓から外の屋台を眺めながら「外国に来たって感じがするわねえ」と不安そうにつぶやいた。

病院に到着すると、ミドリさんが率先して受付のスタッフとやりとりをする。レイカさんは看護師に付き添われて身長や体重、血圧や体温などの測定をしたあと、しばらくロビーのソファで待機。20分ほど待っていると診察室に呼ばれたので、ミドリさんと坂田と一緒に入室させてもらった。

色黒で精かんなガモン医師が黙々と書類に目を通しながら、時折目の前に座ったレイカさんの方を見て、タイ語で話しかける＝写真＝。手術方式の説明をしているようで、ミドリさんが「S字結腸」や「反転法」といった専門用語も交えながら通訳していく。レイカさんは少し戸惑いながらもいくつか質問したあと、医師の勧める方式を承諾した。ミドリ

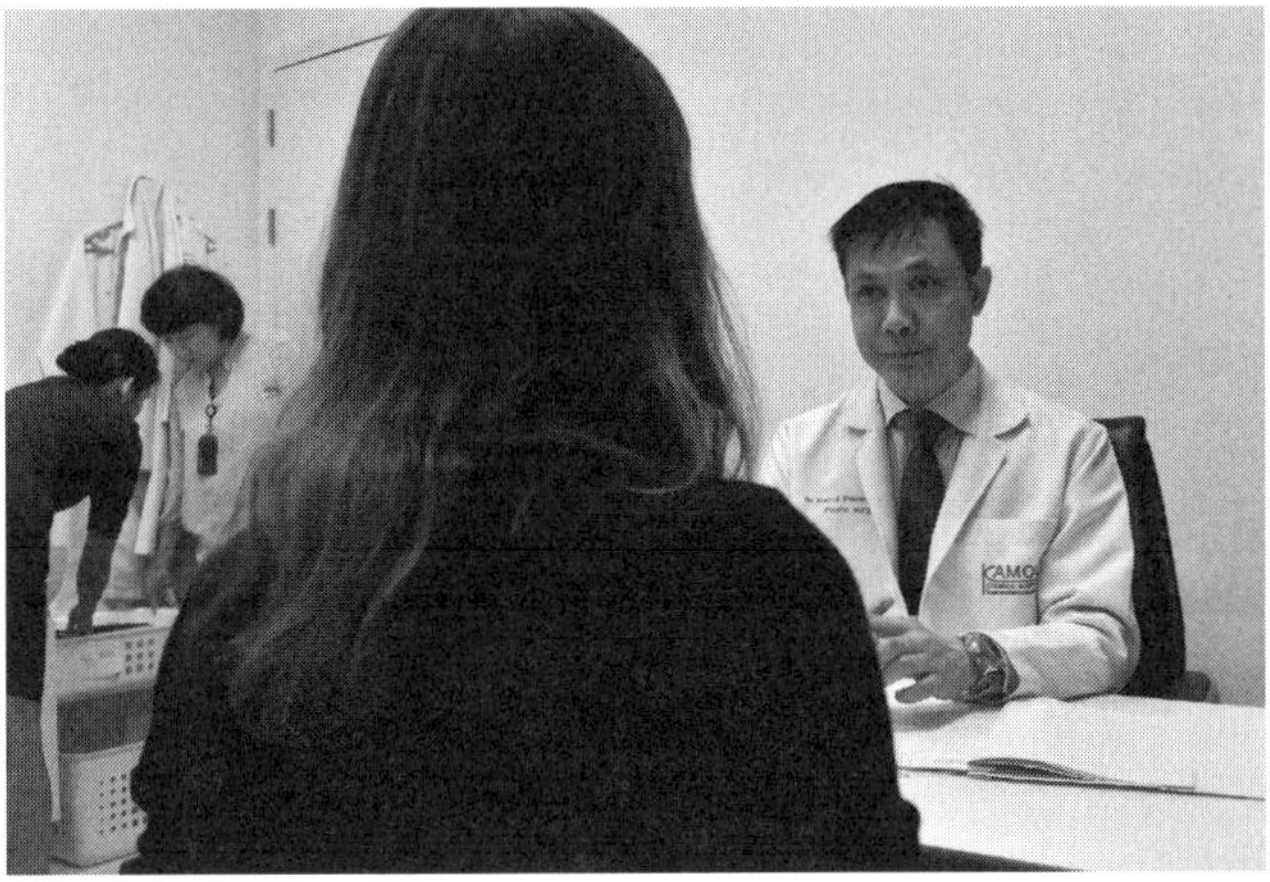

さんは「あとは実際に先生に診てもらって、正式に術法を決めましょうね」と話しかけ、医師の方にアイコンタクトを送って初診は終わった。
　スタッフに案内され、その日からレイカさんが入院する個室に移動する。病棟上階のその一室はまるで高級ホテルのようだった＝写真、次頁＝。キングサイズほどの大きなベッドに、ソファやテレビが配置された応接スペースもある。全体的にテーマカラーが深い紫になっていて、タイ国際航空のイメージカラーと重なってタイらしい雰囲気も感じた。レイカさんも気に入ったようで、両親の緊張も少しほぐれたようだった。
　ミドリさんは明日以降の検査や手術の日程をおさらいし、さらに両親のために「出前メニュー」の何店舗か分を持ってきて、食事の際は看護師に

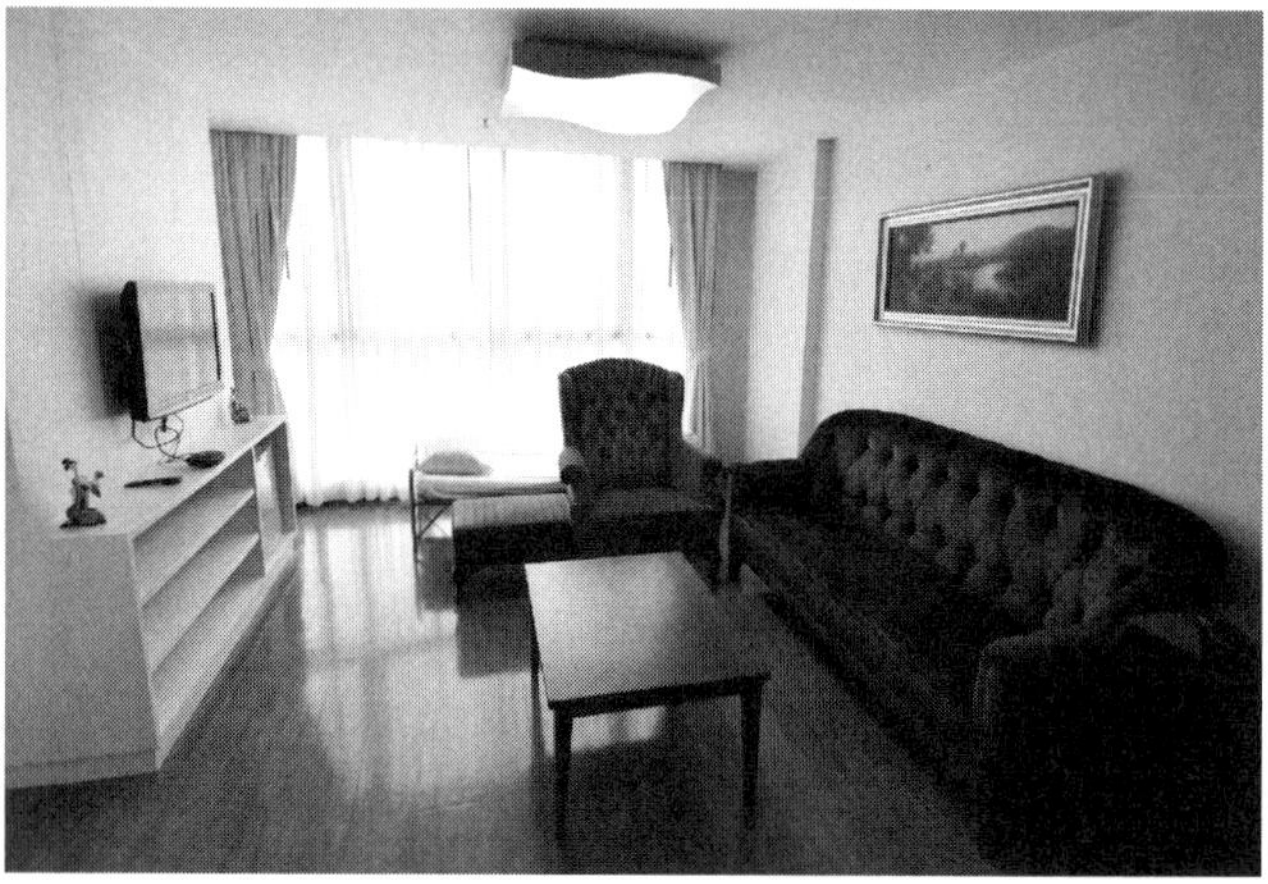

デリバリーの注文を頼むこともできると説明した。日本のチェーン店もあって、カレーやうどんなどなじみの食事を選べるようになっていた。ただし、翌日に手術を受けるレイカさんは食事禁止だ。

ミドリさんは一通りの説明が終わると「ガモン先生は今回の術式に慣れているし、心配いらないと思いますよ」と声をかけ、また明日以降訪問する旨を伝えて病室をあとにした。

＊

翌日の手術本番も、直前まで同行させてもらえることになった。ミドリさんと一緒にタクシーでまたガモン病院に向かう。手術本番は何かと慌ただしい。前日から食事を禁じられているレイカさ

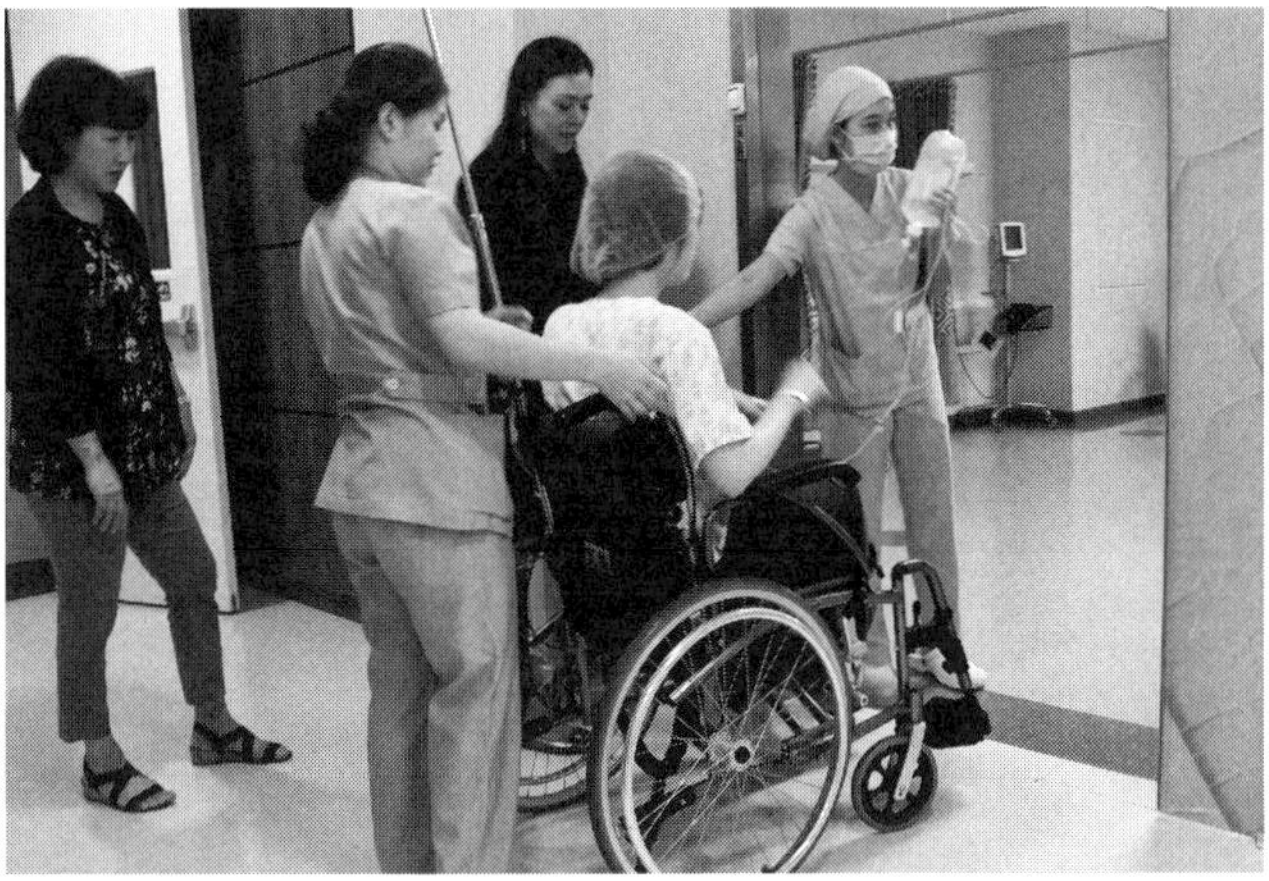

んは緊張もあるのだろう、げっそりとして、気分が悪そうだ。看護師に付き添われて診察用の別室に案内され、事前検査をしたあと、いざ手術となる。車いすに乗せられて、エレベーターで手術室へ移動する＝写真＝。「頑張ってね」。声をかける両親に、レイカさんが弱弱しく手を振った。ミドリさんが「大丈夫、大丈夫」と励ます。手術室前のカーテンが閉まり、姿が見えなくなった。手術は約5時間に及んだ。

翌日以降、術後の見舞いにも一緒に行った。レイカさんは術後、患部がかなり痛むようで、会話ができなかった。両親が不安そうにミドリさんを出迎える。ミドリさんは看護師と話し、手術で想定よりも出血が多かったことが分かった。ただ、処置はしてあるため、時間が経過すれば問題ないとの見解だった。その内容をミドリさんが両親に通訳して伝える。両親はなおも不安そうだったが、見守るしかない。

レイカさんは後日無事退院し、帰国後に患部も満足な出来栄えになったと取材に答えてくれた。

入国審査対策のメモ

現地でのアテンド業務には、空港への出迎えという大切な仕事もある。この業務はミドリさんとは別の現地在住の日本人女性スタッフに同行させてもらった。一緒にタクシーに乗ってスワンナープ国際空港に向かう。時間に余裕を持って、着陸予定時間の1時間ほど前に空港に着いて、客の到着を待った。

学生時代から何度かバックパッカー旅行をしたことがあるので、空港での出迎えサービスの必要性に、実は疑問を感じていた。案内板通りに進んで入国審査を受け、手荷物を受け取り、タクシーで予約したホテルまで行けばよいだけではないかと思っていた。

ところが、スタッフによると、この出迎えを希望する客は多いらしい。あくまで坂田やスタッフの印象だが、性同一性障害の当事者は海外旅行経験がない人も多い。手術前でも、たとえば認識している性別が女性で、出生時に割り当てられた性別が男性の当事者の場合、メイクをしたり、女性用の服を着たりしていることが多い。そのため、パスポートに表記された「男」の性別や顔写真と、女性らしい実際の見た目が一致せず、入国審査で足止めされることを懸念する人が多いのだという。

そういう事情を知った坂田は渡航前の客に、タイ語で表記したメモを持たせている。メモには自分が性同一性障害を持っていることや、タイで性別適合手術を受ける予定があることを明記してある。怪しまれて詳しく事情を聞かれた際はメモを差し出して説明できる仕組みだ。さらに、タイの現地通貨・バーツの硬貨も日本で出発前に渡しておく。迷子になってしまった場合、空港内にある公衆電話でスタッフと連絡を取れるようにするためだという。経験を感じさせる気の回しようだ。

同行したアクアビューティのスタッフは客からの着信に備えてスマートフォンを握りしめて待っていた。案内板では該当の航空機が無事に「着陸」の表示に切り替わった。その後少し時間がかかって心配したが、入国のゲートから無事に客が出てきたのを迎えた。この後は雑談しながらタクシーでホテルまで送り届ける。到着後は周囲のショッピングモールなどの説明をして業務完了となった。

ビアホールでも対応

一通りアテンド業務に同行し、予定していた大半の取材も終わった頃、坂田とミドリさんと一緒に、ビアホールに繰り出すことになった。ちょうど女性から男性への手術を終えた20代のケンジさん=仮名=も一緒だった。ケンジさんは翌日には無事に帰国する予定になっていたので、ちょっとした打ち上げのような雰囲気になった。手術後に容態が安定し、元気であれば、こうして客と一緒に食事をしたり、希望のショッピングモールや観光地に送迎することもあるという。

ミドリさんのお気に入りだという郊外のビアホールは大型で、ざっと500人ぐらいの客で大賑わいだった。ステージが設営されていて、壇上に次々と歌手らしき人が現れて数曲披露していく。ほとんどはタイの芸能人らしい。演歌歌手のような男性から若いアイドルのような女性まで現れて、紅白歌合戦を思わせる雰囲気だ。酔っ払った客は徐々に盛り上がっていき、立ち上がって手を叩き、腰を振りはじめる。私もそれまでの取材を終えた解放感からテンションが上がり、リズム感のない奇妙な踊りを披露した。外国で酒を飲むと気が大きくなってしまう。坂田が若いホールスタッフの女性にチップを渡したら、その子たちまでその場で躍り出して大いに盛り上がった。ちなみにケンジさんは術後のためソフトドリンクだったが、それでも一緒に楽しく踊った。

タイではビールに氷を入れて飲む文化があることも知った。最初はためらったが、郷に入っては郷に従えだと、ミドリさんをまねて入れてみたら、これはこれでおいしいではないか。アメリカンコーヒーみたいなものだ。多少薄まるが、その分一気に喉に流し込める。周囲の熱気も相まって、グビグビと何杯でもいける気がした。ミドリさんは熱狂的なビール党で、いつまでも酒の種類を変えない。そして強い。ニコニコしてテンションは上がっているようだったが、冷静さも失わない。

そんな宴席においても、ミドリさんは常にスマートフォンの着信は気にしていて、かかってくればすぐに席を外して応答していた。入院中の客や病院から連絡があれば、基本的に24時間対応するのだ。たいていは電話対応のみで解決するが、必要があれば病室やホテルに駆け付ける。駆け出しの事件記者だった時のことを思い出した。キャップからの電話には24時間いつでも出て、必要であれば火事や事件・事故の現場に駆け付けていた下積み時代で、気分は休まらなかった。

アテンド業の「しんどさ」

「この仕事は結構しんどいんじゃないですか」。気になっていたことをこの機会に聞いてみた。ミドリさんはまたジョッキを傾けてグビグビとビールを飲み干し「やりがいがあるし、天職だと思っている」と言い切った。一方で、大変だった経験については赤裸々に語ってくれた。「精神的に不安定になったお客さんに八つ当たりされることは多いですよ」

坂田やミドリさん、そして現地の医師によれば、ホルモンバランスの影響が大きいのだという。後に詳しく解説するが、性別適合手術を受ける前に当事者は通常、ホルモン剤を摂取して望む性に体を変化させていく。ところが、手術の直前には一時的にそのホルモン療法を止めなければならず、それが精神的なバランスの悪化に影響している可能性があるという。「そうした例はほとんど男性から女性への手術を受ける人」（ミドリさん）なのだという。もちろん一部であって、特に問題のない当事者も大勢いる。

精神的に錯乱状態になった当事者からは、宿泊先のホテルに呼びつけられて対応を問題視され謝罪を要求されたり、罵られたりしたこともある。また、アテンド業を始めた当初は現在ほど、日本での性同一性障害の診断が整備されておらず、別の精神疾患を併発しているとみられる客もいた。

同行取材をした限りの印象では、ミドリさんは持ち前のタフネスで乗り切っているように見えた。日本語もタイ語も流ちょうで、性同一性障害の当事者にも理解がある。もう10数年、アクアビューティの客をアテンドしていて、経験も十分だ。外国でこういった人材を見つけ、長く働いてもらうのは難しいことだろう。坂田は現地の旅行会社で通訳として働いていたミドリさんと偶然知り合い、誘ったらしい。実際に、初期にアクアビューティの現地アテンドを担当していた別のスタッフは評判が悪かったという。

一方で、精神的に不安定になることもある当事者を、医療系の資格などは持たないアテンド業者のスタッフが中心となってケアすることについて、その危うさは指摘せざるを得ない。ミドリさんは優秀だが、それで済ませてよいのだろうか。その点は引っかかりを感じた。

結局日付が変わる頃までたっぷりとビールを煽り、ベロベロになりながらタクシーで帰った。ホテルに到着して降車するとき、ケンジさんが「ちょっと待ってください」と言うなり、ポケットの奥の方から小さな手紙を取り出して、ミドリさんに手渡した。「きょうが最後なので。あの、お世話になりました」。そう言って足早に部屋に戻っていったのだ。見てしまってなんだか申し訳ない気がした。

それが「ラブレター」なのか感謝の手紙なのかどうかは聞かなかった。ただ、坂田によると、ミドリさんは女性から男性への手術を受けた当事者から、手紙をもらったり、告白されたりすることがしばしばあるらしい。たいていの場合、客はひとりで初めて異国のタイを訪れ、数週間から1ヶ月ほど滞在して大きな手術を受ける。その緊張感のなかで、24時間ケアをし、見舞いに来て、励ましてくれるミドリさんに恋心を抱く気持ちはよく分かる気がした。

「坂田、坂田、坂田」

ミドリさんが通常通りアテンドスタッフとして客のケアに走り回る一方で、社長である坂田はタイに滞在中、精力的にアテンド業者としての営業活動に勤しんでいた。今回は主に、現地の医師との関係維持に奔走していた。その一部に同行させてもらった。

バンコクの市街地から北西に車で30分ほどのところにあるヤンヒー国際病院にタクシーで向かう。ただタイの交通事情は読みにくく、渋滞に重なって１時間ほどかかってしまった。ヤンヒーは職員約１６００人を抱え、１日約１００人が性別適合手術を含む美容整形手術を受けるタイ随一の民間病院だ。２０１８年9月の訪問時は、チャオプラヤー川のそばに、巨大で近代的な病棟がそびえたち、隣接する敷地では別の病棟の工事も進んでいた。外国人向けの新棟だという。

坂田と一緒に正面玄関から病院内に足を踏み入れると、派手な水色の制服に身を包んだ受付の女性たちが15人ほどずらりと並んで座っていた＝写真、次頁＝。そのうちの１人、中年の女性が早速「坂田、坂田、坂田」と声をかけてきた。事務方のベテランで、坂田が性

別適合手術の斡旋業に乗り出した当初から協力してくれた人物なのだという。取材用に首から一眼レフカメラを提《さ》げていた私は坂田の部下と思われたのか、記念撮影を頼まれた。親しみのこもった満面の笑み。想像していたよりはるかに清潔なフロアを背景に入れ込み、画角を調整してシャッターボタンを押した。広い玄関ではローラースケートを履いたスタッフもいて、書類を抱えて滑走していた。
　坂田が日本から持ってきた大きなスーツケースの半分は、病院幹部や医師に配る日本の菓子で占められていた。坂田は病院内を動き回り、お菓子を手土産として次々と医師やスタッフに手渡していく＝写真、42頁＝。再会を大きなリアクションで喜び、握手をして、「客が手術に満足している」と

ストレートに褒める。日本語でためらいなく話しかけ、ミドリさんが慣れた様子で横から通訳する。坂田の振る舞いには、さすが商売人だと感心した。

「ヤンヒー」との出会い

坂田が初めてこのヤンヒー病院を訪れたのはもう20数年前のことだ。

30代前半のころにアパレルのデザイン会社を起こし、バブルの波にも乗った。有名ブランドのジーンズのデザインを請け負って一儲けし、★1 服の小売業にも進出。タイからTシャ

★1　バブル期に大流行したトラサルディのジーンズを仕掛けたという坂田の話はとても興味深い。「トラサルディのジーンズって、一世を風靡したんですよ。それのデザインもしていたんです。大沢商会と伊藤忠、生産は倉敷紡績で。バブルのころだからね。その当時はジーンズ2万円ぐらい。マハラジャとかディスコは当時ジーンズだと入れてくれなかったんですよね。リーバイスとかでは。そこに仕掛けして、トラサルディのジーンズをはいてディスコに入っていくように何人かの若い子に仕掛けして、それで断られたら「おまえこれ知らんのかとか。知らんとか田舎者じゃないか」って言えって！　当時、アルマーニも出てきていてね、それで（ディスコの店員が）「後ろを見て。トラサルディやアルマーニならいい」と（言うようになった）。それでブレイクスルーになって、人気アメリカ洋品店に入れてバッと売れるようになって。阪急梅田でも相当売れた。こんな高いもの国産で売れるわけないって言われたけど、きちんと企画したら分かると。１００メートル離れても分かるように刺繍ボーンって入れて、リベットに金メッキ入れてね。日本人から見たイタリアのイメージ。ミーハーちゃんがイタリアのイメージこんなんやって。センスは良くないと思う。でもニーズあってのだからね。売れてなんぼやん。成果が出るような仕掛け方をまあやってたんですわ」

ツなどを買い付けて大阪・ミナミの店に卸した。従業員は数人だったが、好きなように仕事をしてまさに順風満帆。90年代を駆け抜けた。ただ、そのアパレルビジネスも、ファストファッションの登場で翳《かげ》りが見えはじめる。坂田がすでに先行きに不安を感じはじめていた2000年ごろ、しばしば出張や趣味のゴルフで訪れていたバンコクで、「ヤンヒー」の名を知った。

「当時タイは〈男の楽園〉なんて呼ばれていました。物価は安くて、ゴルフができて、夜は日本人向けの飲み屋や風俗店がある」。坂田はニヤリと笑う。

当時、仲間とゴーゴーバーに繰り出した坂田は、店内にいた女性に「顔の整形、うまいね、かわいいね」と軽口をたたいた。すると、女性は怒るわけでもなく「ヤンヒー、ヤンヒー」と笑顔で答えた。別の女性にも同じことを言ったら、また「ヤンヒー、ヤンヒー」と返ってくる。別のカラオケバーでもまた「ヤンヒー」の名を聞いた。ヤンヒーとはどうやら美容整形の病院らしい。商売人としての勘が働いた。これは安くて質の良い美容整形ができる病院なのではないか。こうなればフットワークは軽い。翌日にはタクシーでヤンヒー病院に駆けつけていた。

ヤンヒー病院は坂田が想像していたような小さな診療所ではなかった。日本の病院に近い清潔感があり、建物は大きく、賑わっていた。これはいけると直感した坂田は、ダメ元で飛び込み営業のように思い付いたプランをスタッフに話した。交渉はアパレルの買い付けで慣れていた。

「日本人を連れてきてもいいか。自分はファッションビジネスをやっているので若い顧客がたくさんいる。安く美容整形ができるなら需要があると思う」

一緒に連れて来たカラオケバーのタイ人女性ホステスがタイ語へ通訳をしてくれた。彼女もヤンヒーでの美容整形経験者だ。なんとか意図は伝わったようだった。

ヤンヒー病院としても、外国人患者を取り込みたいタイミングだったようだ。話はトントン拍子に進み、坂田は先の見通せないアパレル業を畳んで新たなビジネスに活路を見出す決断をした。この段階で坂田の頭にあったのは美容整形であって性別適合手術ではなかった。

思わぬ問い合わせ

坂田は帰国後、慣れないホームページ作成に自ら取り組み、ヤンヒー病院の美容整形メニューをひとつずつ日本語に翻訳して掲載した。タイで格安の美容整形をしてみませんか。現地で人気！　腕はたしかです。そんな謳《うた》い文句を並べ、あとは連絡を待ってみる。すると、意外な問い合わせが相次いだ。

「あの、性別適合手術ができるんですか……？」

電話やメールで、真剣なトーンでこんな連絡が次々と届いた。坂田は心の中でつぶやいた。

「性別適合手術？　なんだっけ……」

数ある美容整形メニューのひとつにひっそりと、たしかに坂田が翻訳したその手術も記載されていた。これを見つけたのか。坂田は戸惑いながらも、初めて接することになった、性同一性障害を持つという人たちの言葉に耳を傾けた。そして性別適合手術について調べ、勉強しはじめた。ウェブの情報や書籍だけでは足りず、怪しまれながらも国内の医師に直接教えを乞うた。

それでも理解が追い付かず、もう一度タイへも飛んだ。ゴーゴーバーに行って、ヤンヒー病院で男性から女性への性別適合手術を経験した女性を連れ出した。ホテルで事情を説明し、手術済みの性器を見せてもらう。まじまじと股間を観察する坂田に、当人は戸惑っただろう。許可を得て写真も撮影し、それを術例の参考資料にした。

性別適合手術、性同一性障害とは何か

さて、ここまで「性別適合手術」という言葉を使ってきた。具体的なイメージがわかない方もいるだろう。私も取材を始める前は全然知らなかった。ひとまずここでは、簡単に紹介したい。

性別適合手術は大きく分けて2つある。女性から男性になるＦｔＭ（Female to Male）手術と、女性から男性になるＭｔＦ（Male to Female）手術だ。いずれも性同一性障害の人が受ける。昔は「性転換手術」とか単に「性転換」などと呼ばれていた。Sex Reassignment Surgeryの頭文字をとってＳＲＳと略される。

具体的な手術内容の前に、「性同一性障害」とは何かを確認しておこう。

「性同一性障害に関する診断と治療のガイドライン」の（第4版）によると、「身体的性別とジェンダー・アイデンティティが一致しないことが明らかであれば、これを性同一性障害であると診断する」とある。ジェンダー・アイデンティティは「性自認」とも訳され、「本人が自分自身の性別をどう認識しているか」を指す。つまり、身体的な性別と、自分が認識している性別が異なる状態が、性同一性障害ということになる。[★2] 世界保健機構（ＷＨＯ）の国際疾病分類の第10版では、いわゆる精神疾患の扱いになっており、診断された人は医療によるサポートの対象となる。そのサポートの中に、カウンセリングやホルモン療法のほかに、性別適合手術が含まれているというわけだ。Gender identity disorderの頭文字からＧＩＤとも略される。

また、日本では最近よく性的少数者の総称として「ＬＧＢＴ」が使われる。性同一性障害はこのＴ＝トランスジェンダーのことを指す、と説明されることがある。ただし、完全にイコールではなく、トランスジェンダーは、性同一性障害を含む、従来の性別の枠からはずれた人すべてに当てはまる。また、性同一性障害は医学界がつくった概念で、トランスジェンダーは当事者が自分たちでつくった概念という違いも重要だ。

ちなみに日本では２００４年から手術を受けるなどの条件を満たせば戸籍上の性別を変更できるようになった。近年では毎年１０００人近くが法的性別を変更している。その数は２０１８年までに８０００人を超えており、これだけ多くの日本人が性別適合手術を受けてきたということになる。[★3]この中の半分以上の人がタイで手術を受けていると考えられており、性転師たちの働きっぷりが伝わってくる。

★2　7頁★1参照。法律における性同一性障害の定義は「性同一性障害者の取扱いの特例に関する法律」の第二条で確認できる。「「性同一性障害者」とは、生物学的には性別が明らかであるにもかかわらず、心理的にはそれとは別の性別（以下「他の性別」という。）であるとの持続的な確信を持ち、かつ、自己を身体的及び社会的に他の性別に適合させようと意思を有する者」

★3　日本での戸籍の変更要件に手術があることは、人権の観点から厳しく批判されている。ＷＨＯなどは２０１４年に、断種手術の廃絶を求める声明を出し、世界トランスジェンダー・ヘルス専門科協会は２０１９年に法務大臣と厚生労働大臣に手術要件の撤廃を求めている。

性別適合手術の実態

当事者に取材して分かったのは、性同一性障害を抱える人は大いに混乱し、悩むということだ。非当事者の方であれば自分に置き換えて想像してみていただきたい。たとえば今あなたが男なら、男という認識はそのままなのに、下を向いて自分の体を見ると、胸は膨らみ、ペニスはない……という状態だ。

もしかしたら「面白いかも」と好奇心がわいてくる人もいるかもしれない。現実はそんなに甘いものではない。当事者の方によれば、それは想像を絶する違和感で、膨らむ胸や、生理に不快や屈辱を感じるという。胸を切り落としたい衝動に駆られたり、最悪の場合は自殺という選択をしたりすることすらある。実際に自殺未遂の経験について打ち明けてくれた人もいた。幼少期から「自分はなぜ女の子と一緒の列に並ぶんだろう。将来は男の子みたいにおちんちんが生えてくるはずだ」と固く信じ、物心ついてそれが叶わないと知る頃には混乱し、時に絶望してしまうのだ。

頭で認識している性は女性なのに、男性として体にペニスがあり、髭《ひげ》が生えてきたりするという場合も違和感は同様に強烈だ。ペニスを切り落としたいほどの衝動もあるし、自慰行為をして果てたあと、飛び出した精子を目のあたりにして言いようのない嫌悪感に襲われたりするという。

これはどちらのケースでも言えることだが、親から「男の子らしくない」「女の子らしくない」と心配され、それにも違和感があったり、反発を感じたりする。性同一性障害は物心ついた時からほぼ24時間、まとわりつくように常にその人を悩ませ、苦しめる。また、自分が性同一性障害ではないかと気付く前の混乱も激しく、「自分は変態なのか」「ホモなのか」「レズなのか」と思い悩み、親や周囲に心を閉ざしてしまう例も多い。

そして、現実的には脳を治療して性の認識を体に合わせることは難しく、脳が認識する性に体を合わせていくための手段が、性別適合手術だ。

ＭｔＦ手術

ではいよいよ手術の内容についてみていこう。すでに述べたように、性別適合手術には

「男性から女性（MtF）」と「女性から男性（FtM）」の2つがある。

　男性から女性の手術で問題となるのはやはりペニスの存在だ。当事者の嫌悪の対象となることも多いペニスだが、これを単純に切る、カットするという手術ではない。ペニスの素材を一部用いて、女性器、つまり膣《ちつ》の代替となるものを作る。

　手術方法は医師によっても得意とする型がいくつも存在し、すべてを載せることはできないが、主に2つの方法が採用されている。ひとつは反転法と呼ばれ、ペニスの皮の部分を裏返して（反転させて）体内に入れ込み、膣部分を作る。この方法はペニスの大きさによって膣の長さが決まるため、元々小さいペニスの場合は膣も短くなってしまう点がデメリットとされる。

　もうひとつはS字結腸と呼ばれ、腸を活用して膣部分を作る方法だ。私の見聞きした取材ではこのやり方が割と多かった。

　さらに、ペニスの亀頭部分にある神経を残し、亀頭を圧縮するようなイメージでクリトリスの代替を作ることができる。これはいずれの手術方法でも共通だ。この技術によっていわゆる「性感」は残る。触れば性的興奮を感じられるし、それと合わせて（多少の工夫は必要になる場合が多いが）つくった膣部分にパートナーのペニスを挿入することも可能になる。

一方で、生殖機能は手術によって失われる。これは女性から男性への手術でも同様だ。子供をつくり、産むことは出来なくなる。

ＦｔＭ手術

女性から男性への手術はどうか。こちらの場合はまず胸の膨らみが問題となる。乳房の脂肪を取り、余った皮を一部切り取って縫い合わせ、男性の胸のように平べったく仕上げていく。この際、乳首は活用するのだが、男性の乳首のように自然な形に仕上げるのがなかなか難しく、医師の腕に左右されるという。ちなみに、一般的には大きな胸は女性の性的魅力が高まり、好まれる傾向にあるが、トランス男性（女性から男性になった人）の方々にとっては逆だ。小さい方が元々の嫌悪感も比較的少ないし、手術も容易になる。「不幸なことに、よりによって巨乳だった」と残念そうに自身の大きかった胸のことを振り返る当事者の方もいた。

性器の手術に話を移そう。女性から男性の場合は複数のステップがある。まずは子宮、卵巣の摘出だ。外形的には変化がないが、これで生理がなくなる。生理は自分を男性として認識している当事者にとって嫌悪の対象となることが多い。この手術を終えたばかりの当事者に取材させてもらったとき、まだベッドに横たわって術後の痛みに耐えているにもかかわらず「これで生理がなくなると思うと本当にうれしい！」と弾んだ声で言われたこともある。

次に、膣を閉鎖し、尿道を延長する手術がある。女性の体はペニスがある男性よりも尿道が体の奥まった部分で終わっているので、それを前の方に持ってくる。この手術後も外形的にはそれほど大きな変化がない。

最後の関門となるのが「陰茎形成」だ。つまり、ペニスを作る、ということになる。素材として自身の皮膚を活用し、移植する方法が一般的だ。

具体的には、まず腕や脚にペニスの表皮として使う十分な皮膚のスペースを見つける。そこに尿道の代替となる医療用のシリコン製チューブを埋め込み、なじませる。十分になじんでから、皮膚とそのチューブを一緒に薄く剥《は》いでいき、ペニスのベースを取り出す。チューブに皮膚を巻きつけるようにして縫合し、ペニスを形作ると、それを女性器があった股間部分に縫い付ける。あらかじめ延長しておいた尿道と繋ぎ、チューブに尿が流れるようにきれいに取り付ければ、ペニスの出来上がり。陰茎形成完了となる。

こちらも神経を残して繋ぎ合わせることで、亀頭に相当する部分に性感が通じ、刺激を与えれば性的な興奮を味わえる。勃起や射精はできないが、パートナーの協力があれば膣への挿入ができる場合もある。

いわゆる「立ちション」が可能になり、トイレで個室に入らずとも用を足せる。銭湯や温泉にも堂々と立ち入れるようになることもメリットとしてよく挙げられる。男でありながらトイレでは必ず個室に入り、温泉に行ってもそわそわと周囲の視線を気にしてリラックスできず、一歩間違えれば好奇の視線に晒《さら》される、そんな状態から解放されたい、という願いは想像力をすこし働かせれば理解できる。

実際に陰茎形成まで手術を終えた40代の方に、そのペニスを見せてもらったことがある。彼がトランクスを下げると、ペロンとペニスが現れた。勃起していない、垂れ下がった、大きめのなんてことないペニスだった。このなんてことない、というのが重要だ。違和感がないということだからだ。

彼は、形成したペニスをより本物に近づけるべく、彫師に特別に頼んで皮のシワなどを再現した精巧な模様を施していた。形成したペニスでも神経が繋がっており、性感を感じられるようになっているため、この彫りを入れる施術は大変な激痛だったそうだ。その甲斐もあって「完璧な」ペニスが股間に付いていた。彼は恥ずかしそうに、でもなんだか嬉しそうでもあった。彼は「ペニスは男のシンボルだと思った。この手術を終えてようやく男になれた気がした」と振り返っていた。

一方で、陰茎形成手術は不要と考える当事者の方も多いことは書いておかなければならない。あるアテンド会社によれば、陰茎形成まで選択する人は客の1～2割程度だという。費用も高額で、激痛も伴うことから決断できない人もいるし、そもそも男性器自体に大きな意義を見出せないという人もいる。日本では最初のステップとなる子宮・卵巣の摘出手術を済ませていれば戸籍を男性に変更できるという事情もある。

「お金になるなら」

話をアクアビューティの坂田に戻そう。坂田はまったく知識のないところから、このような手術内容を一気に勉強していった。ヤンヒー病院に問い合わせ、資料を送ってもらい、タイを再訪して医師の説明を受け、問い合わせてきた当事者ともすり合わせた。

筆者としても、このような手術が存在して、それがタイで盛んだという事実に驚いた。これほど大掛かりで危険もある手術を、数百万を払って受ける当事者たちは、どれほど大きな悩みを持っているのだろう。手術内容の複雑さが、彼らの苦悩の大きさを反映していると感じた。

20年前の坂田も、似たような感覚だった。「同情心とか、正義感ではないのだけど、そんなに悩んでいるならお手伝いしますよ、という感覚」だったらしい。ただ、「お金にもなるなら」と付け加えるのが、根っからの商売人である坂田らしかった。

初のアテンド会社誕生

さて、勉強を重ねた坂田は２００２年、ついに最初の患者をタイに渡航させた。坂田の運営する「アクアビューティ」が「アテンド会社」としての一歩を踏み出したのだった。それまでも日本で個人が友人や知人を海外の病院に紹介する例はあっただろうが、タイで2000年前後から、と限定すれば、会社として斡旋するのはアクアビューティが初めてだったとみられる。後の取材で、ほかの多くの同業者も「アクアビューティが最初のアテンド会社」と認めている。

「客」からの問い合わせが相次いだことで、坂田は自社のホームページに性別適合手術に関する内容を増やしていった。すると益々アクセスは集まり、申し込みが増えた。1日に10~20件の問い合わせがあり、多い時は毎日1人のペースで当事者をタイに送り込んでいった。

タイでの業務は現地の旅行代理店と提携した。日本語が話せる代理店の現地スタッフが、空港での出迎え、ホテルや病院への送迎、病院での通訳やお見舞いなどのフォローを担った。「4~5年はほぼウチしかやってなかった」と坂田が振り返るように、ちょっとした独占状態が続いた。2004年には、性別適合手術をすれば戸籍上の性別を変更できる特別法ができ、坂田の「性転換ビジネス」はますます伸びた。バブルの波に乗ったアパレル業に続いて、またも坂田の商売人としての勘が当たったのだった。

坂田に殺到した背景

ところでなぜ、実績もなく、「性別適合手術」をメニューの端にしか掲載していなかった坂田のアクアビューティに、問い合わせが相次いだのだろうか。読者の中には、日本でも手術できるのでは？　格安だから坂田のところに殺到したの？と疑問を持った人もいるだろう。

結論からいえば、日本での性別適合手術は難しい状況にあったから、タイへの渡航に殺到したのだった。日本では長年、性別適合手術がタブー視されてきた歴史がある。くわしくは第４章にゆずるが、１９７０年の「ブルーボーイ事件」と呼ばれる事件が、近年の性別適合手術を語る上での出発点になっている。

事件は簡単に言えば男娼３人に性別適合手術（当時の呼称は「性転換手術」）をした医師が摘発されたというものだ。手術は性器を摘出するから生殖機能を失わせる。このことが優生保護法（現在は母体保護法）に違反するとされた。判決内容は手術自体を否定したものではなく、医師が手術に至るまでの十分な手続きを踏んでいなかった点を問題視していた。しかし、有罪判決のインパクトは大きく「性転換手術＝違法行為」というイメージが広がり、これが「暗黒時代」★4を生んでしまう。性転換手術は危なそうだ、触らないようにしよう。無理に取り組む必要はない。そんな空気が蔓延していった。

ブルーボーイ事件から約30年後、1998年に、埼玉医科大学の原科孝雄教授（当時）が公式の性別適合手術を実施した。以降、公の場で日本でも手術がおこなわれるようになるが、医療拠点や人手が不足し、施術件数は少数に留まった。その埼玉医大も2007年には手術をストップ、当時「ヤミ手術」で有名だった和田耕治医師もこの年に亡くなり、国内の「手術供給」は下火となってしまう。性同一性障害を抱える当事者にとって国内手術の選択肢は少なかったのだ。

このような状況下で、何も知らない坂田がたまたまこの業界に現れた。坂田は突然の、想定以上のビッグウェーブに驚きながらも、それを乗りこなして事業を軌道に乗せた。後に登場するアテンド業者のうち、アクアビューティの「元客」は多い。坂田は期せずしてその後20年ほど続くアテンド業界の基礎をつくったことになる。

ヤミ手術の被害

２００2年ごろ、アテンド業を始めたばかりの坂田のもとには「日本で失敗した手術の「修正」をタイでお願いしたい」という切実な問い合わせもあった。２０１9年4月、当時坂田を頼ったカナコ＝仮名＝に取材した。カナコは60代で、少し大柄で声はか細い。男性から女性への手術を経験した、いわゆるトランス女性だ。

カナコがまず日本で「ヤミ手術」を受けたのは、20数年前になる。埼玉医大の原科が長年の医療界のタブーを破って公式的に性別適合手術を実施したのが98年だから、その前後ということになる。

当時40代だったカナコは枠が限られ、待ち時間も長い埼玉医大の手術ではなく「アンダーグラウンド」の方を選択した。普及しはじめたインターネットを使って、「ヤミ手術」ができる民間病院を探した。東京のクリニックをいくつかピックアップして、実際に訪ねて

★4　原科孝雄医師による「性転換治療の臨床的研究」に関する審議経過と答申より（山内俊雄『性転換手術は許されるのか』明石書店に所収）。

手術ができるか相談し、「膣部分も作ることができる」と断言したある病院に申し込んだ。

結論から言えば、手術は失敗だった。貧血気味になりながら、やっとの思いで帰宅して患部を覗き込むと、そこには形成された女性器はなく、ただペニスが除去されたあとのツルンとした股間があるだけだった。尿道も前方に移動されておらず、体内の奥まった部分で途切れていた。

それでもカナコは、文句を言う気にはなれなかった。

「医師を問い詰めようなんて思えなかったですね。泣き寝入りです。日本の手術のレベルってこんなに低いんだと分かりました。でも大袈裟にはしたくなくて。医療的にはヤミ行為だったから。影で隠れてやっている感じですので、そう表面化しないんです。何かあっても自分も同意の上でやっているから、低い立場にいる感じなので。先生の方が上の立場で、やってあげているって感じでしたよね。普通の医療行為だったら、絶対に（クレームを）言ったと思う」。そう当時の空気感を振り返る。

「修正」手術の依頼

その後、カナコはアクアビューティの存在を知り、連絡を取ってみた。しかし、一度手術して陰茎を切除済みの場合、修正手術は難しいと坂田は説明した。タイの医師がそう言うので仕方なかった。ただ、カナコを気の毒に思った坂田は、医師サイドに再度事情を説明して交渉した。最終的に、引き受けてもらえることになった。

「坂田さんには結構尽力してもらったと思う。（交渉に）時間はかかったみたいですけど、最終的にはドクターが折れてくれたみたいで」。タイ渡航後にヤンヒー病院の医師が診察して患部をよく確認した結果、ペニスの皮膚を使う反転法などの術法はやはり採用できなかった。そこで、腹部の皮膚を使って膣の内部を作る新しい術法を試すことになった。出来栄えは満足のいくものだった。

カナコは「当時情報になかなかアクセスできなかったから、少しでも発信してお役に立てればと思って」と取材に応じてくれた。タイで修正手術ができていなければ、この日見せた穏やかな笑顔もなかっただろうし、そもそも取材に応じてくれていたかも分からない。

坂田によると、その後も「ヤミ手術失敗」の修正依頼は何度かあった。患部の状態によってすべてに対応できるわけではなく、タイの医師も修正手術には難色を示す傾向にあるが、ケースバイケースで可能という。

なお、その後の取材で、タイで手術をした患者の修正手術を日本の民間クリニックが引き受けていたというケースもあった。日本とタイの病院、互いに「持ちつ持たれつ」の関係だった、と考えるのが自然だろう。

ヤンヒー病院の20年

話をアテンド取材に戻そう。

坂田の「ビジネスパートナー」であるヤンヒー病院の医師たちにも話を聞くことにした。坂田が医師たちへの〝挨拶回り〟で院内を巡るのにくっついて、突撃取材のようにインタビューしていった。世界でもヤンヒーといえば有名な病院だ。タイで初めて性転換の専門科をつくったというヤンヒー病院にはどんな医師がいるのだろうか。

まずは院長に話を聞きたい。坂田がスポット院長と直接会って商談をするというので、それに同席させてもらえることになった。院内の会議室に移動すると、ズラリと幹部や担当職員約10人が並び、机にはそれぞれ大きなケーキが用意されていた。こういうスイーツの用意はタイ流の商談では普通なのだろうか。ちなみに幹部の１人、マーケティング担当者はフィリピン人だった。ヤンヒーはタイの病院ではあるが、英語が話せるとの理由で看護師や電話対応のスタッフなどはフィリピン人も多い。

坂田と並んで待っていたら、約束の時間より少し遅れてスポット院長が登場した＝写真＝。

スポット院長は中華系の顔立ちで恰幅の良い男性だった。ケーキの横に用意された甘そうなアイ

スカフェオレ風のドリンクをキュッとストローで一口吸い込むと、いざ商談の始まりだ。坂田は通訳を介して「ヤンヒー病院は日本人のお客さんから大変好評だ」などとまずは先方を持ち上げる挨拶からスタートした。幹部達も満更でもない様子で笑顔を浮かべている。その後、20分ほどの話し合いで、スポット院長はあっさりと坂田の提案にＯＫを出した。ヤンヒー病院が開発したミネラルウォーターを日本でも販売しないかと坂田が持ち掛け、その販売権について話し合ったようだった。

坂田の便宜のおかげでこの後「少しの時間だけなら」ということでスポット院長への直接取材の許可が出た。私は多勢のスタッフの前で少し緊張しながら「ジャパニーズジャーナリストです」などと自己紹介し、スポット院長に質問を投げかけた。

まず聞きたかったのは、タイにおける性別適合手術の技術力について、世界と比較してどのようなレベルにあると考えているかだ。スポット院長は良い質問が来たとばかりに、自信満々で答えた。

「タイでは男性から女性への手術はここ20年ぐらいで、女性から男性への手術も10年間ほどで技術力がかなり高まっています。以前はアメリカなどに医師を留学させて技術を学ばせていましたが、最近は海外から講演会の招待が来たり、見学者がわざわざこちらにやってきたりするほどです。韓国人、ベトナム人、そして日本人まで見学に来ましたよ」。

もともとタイの医師たちは外国に行き、技術を習得していたが、現在は世界各国から医師がタイに来るようになったという。先行してトランス女性への技術が高まったのは、タイはもともとニューハーフショーが観光の目玉になっているくらいだから、その関係ではないかと推測した。さらにこう続けた。

「タイでも約20年前は性別適合手術について当事者が堂々と話せるような雰囲気ではありませんでした。口コミで手術してくれる病院を探していたし、手術が失敗しても恥ずかしくて訴え出ることはできない雰囲気でした」。

ヤミ手術でだまされたカナコの話を思い出すエピソードだ。タイにも日本の「暗黒時代」のような時期があったのだ。

「ヤンヒー病院は20年前、敢えて『性別適合手術の専門医が在籍している』と堂々と宣伝しました。さらに、失敗しても修正手術をするし、金銭的な保証もすると打ち出したのです」。この宣伝によって、タイでは当事者が堂々と手術について話題にできるような文化が醸成されたのだという。今では海外からも手術希望者を取り込むまでになった。

もちろん病院の院長として「盛って」いるかもかもしれない。ただ、この「敢えてオープンにする」という宣伝手法は、たしかに人々の意識に好影響を与えたとしても不思議ではないと思った。当事者のあいだで、恥ずかしがらなくてもいいという気持ちの変化が生まれただろう。

スポット院長は時間を気にしているようだったので、質問は10分ぐらいで切り上げることになった。

スポット院長が去ったあと、マーケティング担当スタッフから補足の説明を受けた。まとめると、ヤンヒー病院は1984年に、スポット院長がバンコクで小さな診療所として始めた。その後、まだタイでは珍しかった美容整形の分野に着目し、専門病院として事業を拡大。性別適合手術にも目をつけて見事に当てたということらしい。

ミラダ病院医師の視点

スポット院長が語ったヤンヒー病院の「設立当時」を詳しく知るミラダ病院のグリチャート医師の視点も紹介しておこう。ミラダ病院に入院中のケイコさんのお見舞いに行った際、話を聞かせてもらった。

グリチャートは性別適合手術に携わって25年近くになる。四半世紀、経験を積んできた。特に男性から女性への手術を得意としている。質問を始めると、さっそく「この手術はたくさんの経験を積まないと技術力は高まらない。10年間取り組んでやっと腕が上がってくる感じで、勉強したらすぐできますっていう手術ではないですよ」と解説してくれた。パソコンのモニターをこちら側に向け、自分が手掛けた女性器の完成写真をいくつもスライドショー形式で見せてくれる。私が感心した様子で「おー」などと声をあげていたら、次の写真に移るスピードがどんどん早まっていった。

グリチャートは、タイ随一の名門チュラーロンコーン大学医学部を卒業後、病院に勤務して性別適合手術についても勉強し、ほどなくしてヤンヒー病院に移ったという経歴を持つ。約25年前はタイでもまだ性別適合手術は発展途上だったという。その頃、手術を積極的に宣伝し、専門的に取り組むというヤンヒー病院に誘われた。手術が技術的に伸び代のあるところに惹かれ、「もっと高い技術を身につけたい」、「もっと本物の性器に近づけるのはどうしたら良いだろうか」と向上心をもって取り組んできたのだという。今回の取材を通して数人の医師に会ったが、どうも形成外科医にはこうした職人っぽい気質を持った人が多いようだ。

ヤンヒー病院ではそれこそ朝から深夜まで働いた。顔の美容整形手術なども同時に担っていたのですべてが性別適合手術というわけではないが、予約は常にびっしりと埋まっており、手術室から別の手術室に移動して患者の顔もろくに確認できないまま、すぐにナースからメスを渡されて新たな手術に取り掛かることもしばしばあった。そのおかげで高額のサラリーを受け取ったし、技術力もみるみる高まった。

タイ社会で有名なプロボクサーや芸能人の性別適合手術を担うこともあった。グリチャートはおもむろに書棚から当時の新聞の切り抜きを取り出してきて見せてくれた＝写真＝。内容を尋ねると、「芸能人の誰々がヤンヒー病院で性別適合手術を受けた！」ということをニュースとして報じているらしい。手術台に載った綺麗な女性が笑顔で写った大きな写真に、タイ語の見出しが踊っている。「ヤンヒー病院はこういう宣伝がうまいんですよ」とグリチャートはうなずく。スポット院長は国内の著名人の治療を積極的に受けいれ、メディアへの露出を通して巧みにヤンヒー病院の名を広めたのだという。

そうやって長年ヤンヒー病院で勤めたものの、もう少しじっくりと一人ひとりの患者に向き合いたいと考えて独立を決意したらしい。

最近のタイ社会についても語ってくれた。「タイでは今、かなりオープンになっていますね。手術したら、私は完璧に女性に（男性に）なったよと人に言いたくなるような感じです」。グリチャート医師もヤンヒー病院の関係者ではあるので話をそのまま鵜呑みにもできないが「オープン化」は社会の理解促進に一定の効果はあったというのは改めて納得感がある。たとえば、日本で性別適合手術の広告やＣＭが打たれたことはあるのだろうか。日本でやればすぐに話題になりそうだ。

さらに、これまでに印象深かった当事者について教えてくれた。

「70歳ぐらいの人に手術したことがあります。『せめて死ぬ時だけは女性の体でいたい』と言うんですよね。手術前に全裸で鏡を見て『これは自分の体ではない』と落ち込んでいる人にも会いました。すごくかわいそうで、悲しいですよね。自分で体を選んで生まれることはできなかったわけだから、せめてできるだけ本物に近づけてあげることが、医師としての役割だと思っています」。

形成ペニスの職人技

ヤンヒー病院内ではスポット院長以外の医師にも取材した。中でも印象深かったのは、57歳の形成外科医・スキット医師だ。手術と手術の合間に診察室に招いてくれた。難しいとされる陰茎形成、つまりペニスの形成を専門としている。手術用のブルーの作務衣に身を包み、首元からは金のネックレスが垣間見えた＝写真＝。少しぶっきらぼうで、不良っぽい雰囲気がかっこいい。

スキット医師は約20年前、サラブリー県というバンコクから北へ100キロほどの距離にある地域の病院に勤務していた。そこである患者から「形成ペニスを付けて欲しい」と懇願されたことがきっかけで、この分野に興味を持ったという。やったこともない手術だ

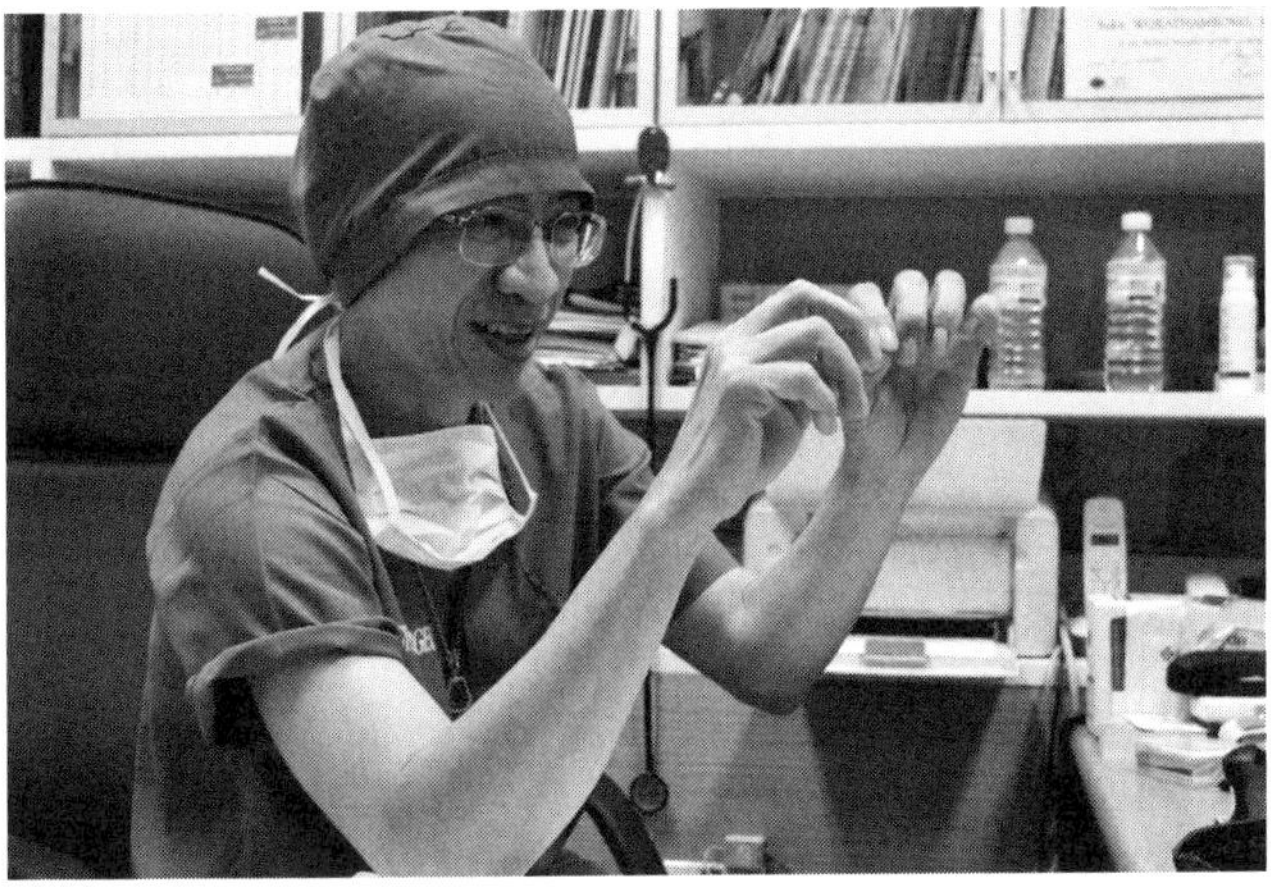

ったが、それまでの外科手術の経験を活かして成功した。その後、スキット医師も多くの外科医の例に漏れず、技術をさらに磨きたくなった。ヤンヒー病院に移り、海外の文献も読み漁って勉強を重ね、現在では250人以上に陰茎形成手術をしてきた。神経を残してつなぎ、形成したペニスの亀頭部分で性感を感じられるようにする技術を習得した。

実はタイにおいては長らくトランス女性への手術は盛んだったが、ペニスの形成などトランス男性への手術はそうでもなかった。スポット院長が言うように発達したのはここ10年ほどのことだ。アクアビューティのミドリさんも同様のことを言う。「タイではＦｔＭの人は昔から『レディーボーイ』と呼ばれ、差別がなかったというわけではないけど、一定程度市民権があって、体は女性のままでも割と堂々と生活することができたんです」。やがて外国人が形成ペニスの手術をしていることが一部のタイ人〝レディーボーイ〟のあいだに広まり、手術希望者も出てきて発展しはじめたのだという。

日本では子宮・卵巣の摘出手術を済ませれば戸籍の変更が可能だが、国によっては形成ペニスを付けていないと戸籍変更ができない。なお、タイは性的マイノリティに寛容なイメージはあるが、手術の有無にかかわらず戸籍変更自体ができない。

こういった背景から、タイでは男性から女性への手術が先行して発展し、のちに海外からの影響で女性から男性への手術も発展した。スキット医師はその発展を担った医師の1人と言える。

声帯手術の専門医も

さらに坂田のヤンヒー病院内の挨拶回りについていくと、声帯の手術を専門とする女医、オルノマウ医師にも会うことができた。満面の笑みが可愛らしい中年のオルノマウ医師は、

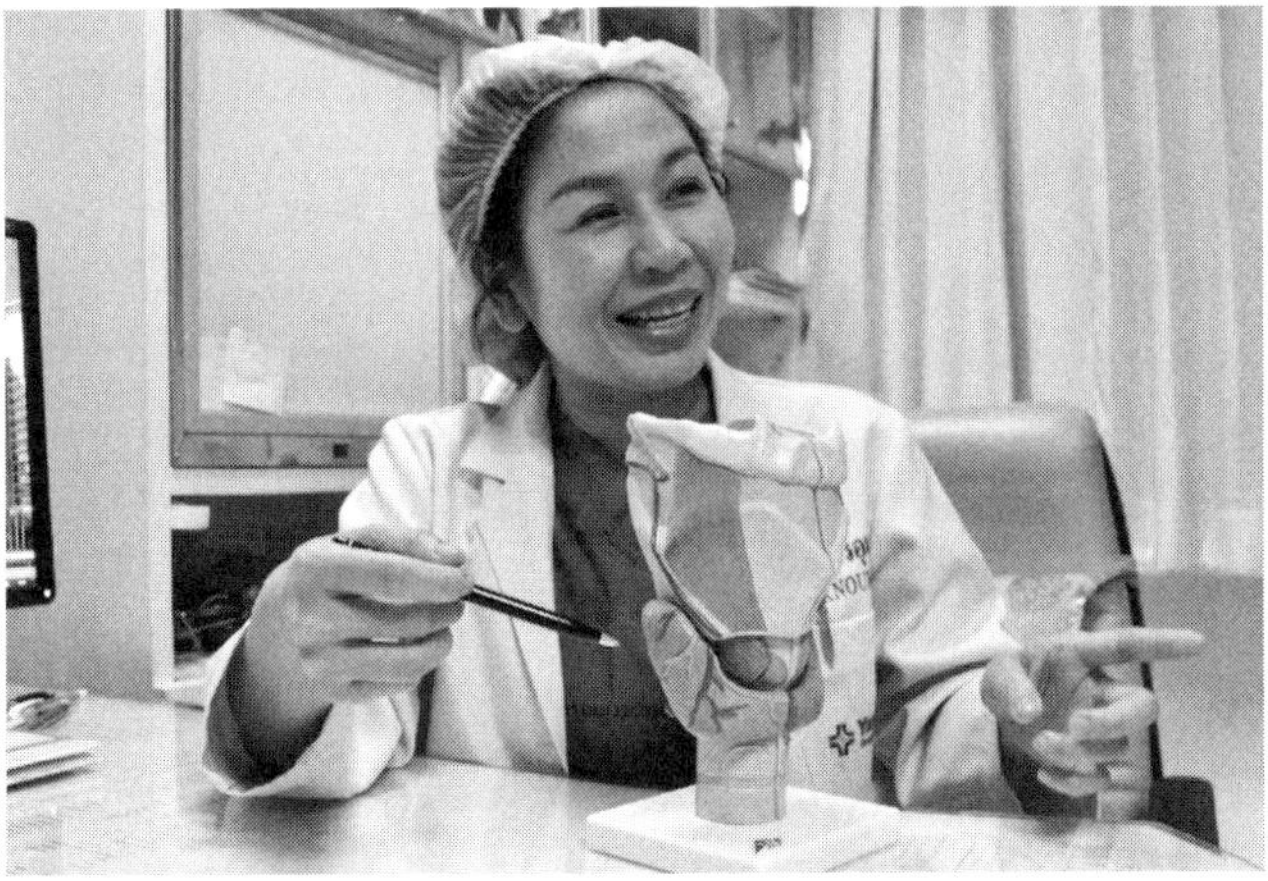

診察室で口腔付近の人体模型を使いながら丁寧に自分が手掛ける手術について説明してくれた＝写真＝。声帯と性同一性障害は関係があるのか？と疑問に思われた方もいるかもしれないが、実は大きな関係がある。

性同一性障害の当事者は、治療や手術を通じて頭が認識する性に体を変化させていく過程で、服装や振る舞いなどもどんどん希望する性に寄せていく。そして「パス度」に気を使うようになる。パス度とは、どれぐらい「パス＝通り過ぎる」ことができるか。つまり、社会で生活していくなかで見ず知らずの人が、自分のことを、生物学上の性別と見抜くのではなく、希望する性別だと判定してくれるか、ということらしい。たとえばコンビニのレジで店員が性別のボタンを押す時に、男女どちらのボタンが押されるか。あるいは男女別に並ぶ列などで、どちらに振り分けられるか、などが判定場面となる。望む性別通りに判定されることが多ければ「パス度が高い」ということになる。

そのパス度を高めるために声が大切になってくる。特に男性から女性への手術を受けた人は、長年のホルモン療法などで体や顔つきは女性らしくなり、服装なども含めて女性としての「パス度」はかなり高まる。ところが、ひとたび発した声が低く太かった場合、男だとバレてしまうことがあるのだという。

オルノマウ医師によれば、声帯の一部を発声に支障がない範囲で取り除くことで、そうした低く太い声を高い女性っぽい声に変えることができるのだという。オルノマウ医師は「声が変わると印象が全然違うのよ！」と満面の笑みで言うので、思わず私も「そうですよね！」と大袈裟に笑顔で同意してしまった。

ちなみにトランス男性の場合、男性ホルモンを投与することで、女性の高い声が一定程度低くなることが多いようだ。一方で、男性の低い声を女性ホルモン療法によって女性のように高くするのは難しいのだ。[★5] そのため、声帯の手術は主にトランス女性が対象ということになる。

アテンド会社情報①

アクアビューティ
（株式会社アイドマプランニング）

代表名	坂田洋介
拠　点	大阪市中央区に本社事務所、東京に非常勤アドバイザーを置く。
設　立	1983年にアパレルデザイン会社として設立。2002年〜海外美容整形仲介、アテンド業開始。
特　色	元祖アテンド会社の老舗で、ヤンヒー病院との強固な関係の他、同病院OB医師が開業したミラダ病院にも強いコネクションがある。現地スタッフも10年以上の経験があるベテラン。

▼会社公式ウェブサイト

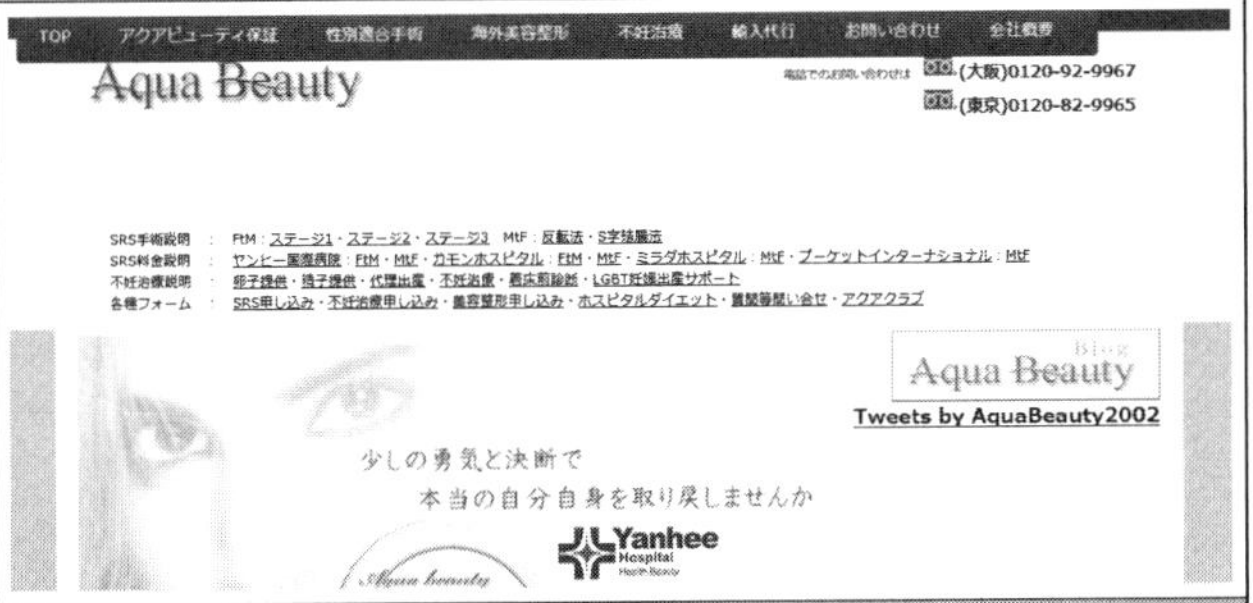

▼料金表※1

男性→女性	性器手術※2	**194〜233万円**
女性→男性	乳房摘出	**61〜70万円**
女性→男性 ステップ①	子宮卵巣摘出	**63〜72万円**
女性→男性 ステップ②	膣閉鎖など	**134〜145万円**
女性→男性 ステップ③	陰茎形成	**173〜189万円**

※1　会社公式ウェブサイトより引用。ヤンヒー病院利用の場合。手術費の他、航空券、入院、退院後のホテル滞在費、現地でのケアなどを含むパック料金。渡航時期やオプションによってさらに変動する。いずれも概算。

※2　精巣摘出、陰茎切除、造膣、陰核形成、外陰部形成など一連のMtF手術。

オルノマウ医師は坂田を気に入っているようで、滞在中にディナーに誘われた。同席させてもらえることになり、バンコク郊外の川沿いの高級そうなレストランにお呼ばれした。ロブスターのように大きな地元の川エビを専門とする店で、たらふくご馳走になってしまった。この場で盛り上がるのは「訪日旅行」の話だった。今、タイ人のあいだでは日本への旅行がちょっとしたブームになっている。宴席にはオルノマウ医師の夫やお子さんも同席していて、イチゴ狩りができるスポットや、雪を見られる場所など色々と話題に上がった。坂田は来日の際の案内役を買って出ると宣言。実際に別の医師が来日した際には、つきっきりで観光案内をしたという。こういった接待も病院と信頼関係を結ぶための営業努力なのだろう。

オルノマウ医師は最後に大きなマンゴーが5つも入った籠を坂田と私にそれぞれお土産に持たせてくれた。どちらが接待役なのか少し混乱するが、アテンド業の裏側を少し垣間見ることができた。

こうした努力もあってか、坂田は先行者として今もヤンヒー病院と強固な関係を築いていて、同病院の日本語版公式ウェブサイトの運営などを担っている。さらにヤンヒー病院から独立したグリチャートとの個人的なコネクションも活かし、最近は同医師が開業したミラダ病院への斡旋にも力を入れている。日本国内では大阪の事務所以外に東京でそれぞれトランス女性、トランス男性の手術を経験した男女を非常勤スタッフとして雇い、相談の体制も整えた。次々と新規参入者が現れた現状では決して将来安泰とまでは言えないが、同業者の中にアクアビューティの名を知らない人はおらず、老舗としての存在感は依然大きい。

★5　声を変える手段は手術だけではない。取材の過程では、発声方法を徹底的にトレーニングしたことで、女性の声を手に入れたという当事者にも出会った。約5年前にタイで性器の手術を受け、現在は東京でアクアビューティの非常勤スタッフをしている石川《いしかわ》理《り》江《え》さんだ。見た目のパス度が高く、声も女性らしく優しい声だ。約15年前から女性のような声を出したいと思い立ち、声楽や発声方法の専門書を読み込んで独学で勉強した。その結果、10年ぐらいかけて、それほど意識せずとも女性らしい高い声が出せるようになったのだという。取材時に「ね？　すごいでしょ？」と太い男性の声で話かけられ、思わずのけぞるほど驚いてしまった。あくまでも発声方法を工夫しているため、男性の声も出せるというわけだ。石川はボイストレーナーとしても活動し、性同一性障害で声の悩みを抱える当事者の発声トレーニングをサポートしている。

第2章　第一世代の性転師

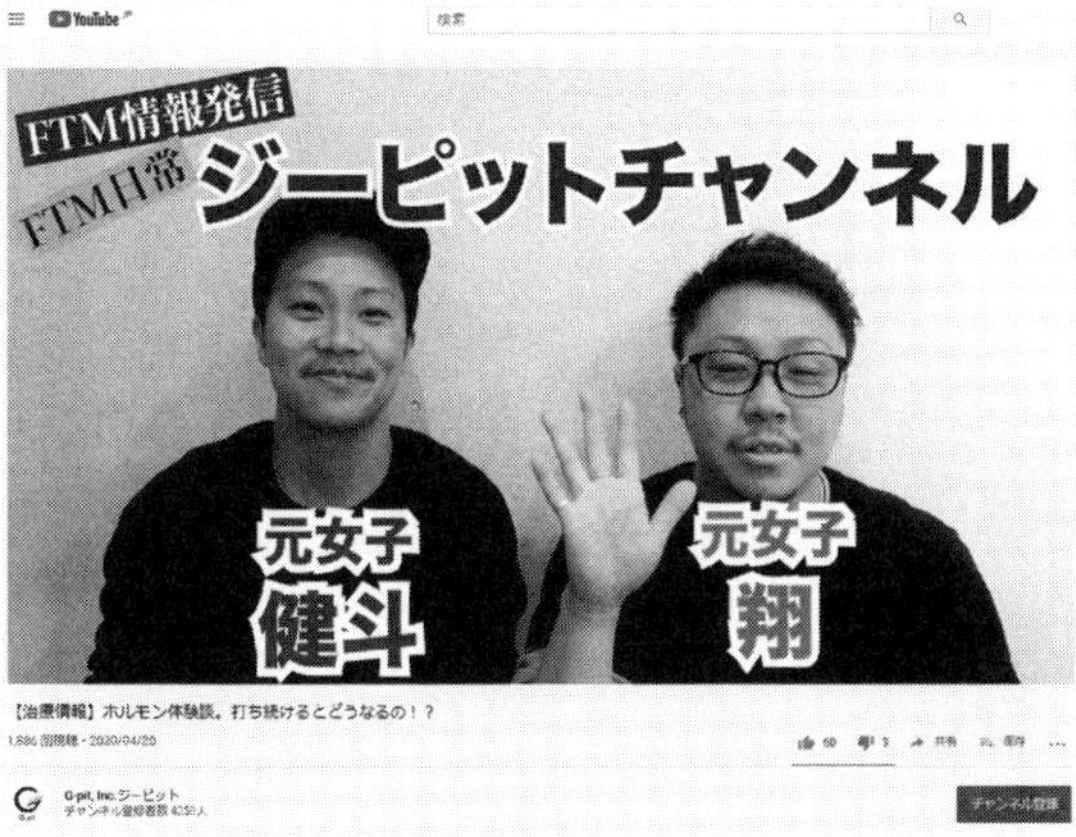

宣伝上手のＧ‐ｐｉｔ

アクアビューティがアテンド業を始めて数年経つと、坂田洋介と同様、タイの手術技術に商機ありと見込んだ人間が会社を興しはじめる。彼らはいわば、アテンド業の「第一世代」だ。彼らのうち２つの会社が２０２０年まで生き残り、実績を積み上げている。

ひとつは、「９年連続　日本№１」とホームページで高らかと主張している、株式会社Ｇ‐ｐｉｔだ。

「ジー・ピット」と読む。初めて目にしたとき、男性向けアパレルブランドのようなスタイリッシュで洒落たニュアンスを感じた。

Ｇ‐ｐｉｔのウェブサイトはよくできている。トップ画面は、曲線のシルエットが近未来を思わせる建築物をバックに、「LIFE IS WHAT YOU MAKE IT（人生はあなた次第）」の文字列が浮かぶ。トップ画面をスクロールすると、「カウンター」が横並びに配置されている。表示されると自動で数字がスロットのように回転しはじめる。一番左のカウンターは「アテンド総数」とあり、その数は２７２８人（２０２０年3月20日現在、以下同）。中央は「タイアテンド」１３２１人、右が「国内アテンド」１４０７人だ。「９年連続　日本№１」は、後に取材したところによると、性別適合手術を希望する人をヤンヒー病院へ斡旋した数が全アテンド会社の中で最も多かったのだという。

ページをスクロールすると、代表の井上健斗が出演した東京ＭＸテレビのドキュメンタリー番組のＣＭ動画が埋め込まれ、その下にはＧ-ｐｉｔがYouTubeに投稿した動画も見つかった。「今後の予定」の欄には「執刀医による手術・子づくり説明会」との講演会や、「井上健斗とはしご酒」という飲み会形式のイベントまで告知されていた（いずれも２０２０年3月20日現在）。

動画でもリアルでも

Ｇ-ｐｉｔのYouTubeチャンネルにも飛ぶ。チャンネル登録者数は４１２０人。既に投稿された動画１３０本以上が並ぶ。１番人気は「元女子が元男子に質問攻め！　手術しても感じる⁈」と刺激的なタイトルが付いた動画で、17万回以上再生されている。「【見せます】

元女子の下半身事情」が4・7万回。一方で、「20歳で決断。『生きるため』に選んだのは、手術だった」(1・7万回再生)とか、「精神科の先生にGID(注・性同一性障害)のこといろいろ聞いてみました」(1・3万回再生)など、硬派な動画も人気だ。性別適合手術や性同一性障害、トランスジェンダーというテーマで万単位の再生回数を得ているのはおどろいた。

試しに一番人気の「元男子が元女子に質問攻め!~」を再生してみると、内容は意外と真面目だ。手術を経験したトランス女性のユーチューバーがゲストで、井上とは別のG-pitスタッフからの質問に答えるという企画だ。ホルモン療法の際に注射か服用のどちらを選んでいるか、手術は日本かタイのどちらで受けたか、手術後の性行為で性的感覚はどれぐらいあるかなど、なかなか踏み込んだ話が展開される。術式や専門的な話が出てくると、テロップで簡単な解説が表示される。行き届いている。

タイの「現地映像」もある。1・5万回以上再生されている「〝他では聞けない〟タイで年間何人が性別適合手術を受けてる?」はヤンヒー病院内部の映像で構成されていて、井上がタイ語で医師にインタビューする様子や、ベッドに横たわる客と問診する医師のあいだで井上が通訳する様子などが収められている。もちろんG-pitの広告宣伝が大きな目的だろうが、これからタイで手術を受けようか検討している当事者にとっては貴重な情報とも言えるだろう。私も取材の準備や勉強して得た知識のおさらいとして、何度も視聴させてもらった。

こうした熱心な「情報発信」はネットだけにとどまらない。日本各地で無料相談会やイベントを企画している。ホームページによれば、記載のある限りでは２０１４年頃から始まり、仙台、東京、名古屋、大阪、福岡、沖縄などで、多い年は年間50回近く開催している。手術などの説明会とその後の懇親会（飲み会）を兼ねたものが多いようで、スタッフと見込み客が繋がる接点になったり、経験者同士が交流して社会生活での悩みを共有する場になったりしているようだ。

アクアビューティが最古参らしくどっしりとしているのに対して、Ｇ‐ｐｉｔは時代のトレンドや当事者たちと「仲間」であることを押しているように見える。

陽キャでパリピ風

そんな井上と初めて会ったのは２０１９年４月15日だった。本書の出版が決まったため会社に社外業務の申請をし、神戸から東京に出張した。Ｇ－ｐｉｔの YouTube チャンネルを視聴して印象に残っていたので、代表である井上への取材は必須だと感じていた。取材場所に指定されたのは東京・恵比寿のオフィスビル。Ｇ－ｐｉｔの事務所が入居している。

さわやかな笑顔がトレードマークの日焼けしたイケメン。実際に会ってみても YouTube での印象とほぼ変わらない。快活で、人懐っこい、クラスの中心にいそうな人物だ。今風に言えば「陽キャ」で「パリピ」といった感じだろうか。そのイメージはインタビューを通してどんどん強固になっていった。

性別適合手術までの３ステップ

井上はこの本で初めて実名で紹介する「性別適合手術を受けた性同一性障害の当事者」ということになる。女性から男性へ変わった、ＦｔＭ＝トランス男性だ。

井上は、２０１９年４月の取材時点で34歳。タイで性別適合手術を受けたのが23歳の時だ。手術を受けるまでに、約1年かかっている。性別適合手術を受ける前には大きく分類して2ステップにわたる準備期間が存在する。順を追ってみていこう。

ステップ1は「診断」だ。自分の性別に強い違和感を抱いた当事者は病院の精神科に通い、繰り返しカウンセリングを受ける。診断までにかかる時間は個人差が大きいが、他の精神疾患などが原因ではなく、性同一性障害による違和感だと判断されれば、医療サポートを受けられる。取材のなかで、約1年通院したという当事者にも会ったし、一方で初回のカウンセリングですぐに診断してしまう悪質な医師もいるという話も聞いた。

ステップ2は「ホルモン療法」だ。たとえば男性から女性の場合は女性ホルモン（エストロゲンやプロゲステロン）を体内に定期的に入れていく（方法は注射か経口投与）。女性から男性への治療の場合は男性ホルモン（テストステロン）を使う。つまり、自身で自覚している性別のホルモンを注入して身体をその人が望む性に変化させていくのである。

ホルモン療法を続けると、簡単にいえば体つき、身体的特徴がそれぞれ女性らしく、男性らしく、変化していくことになる。男性ホルモンが分かりやすい。生理が止まり、髭が生えてきたり、声が低くなったりする。女性ホルモンの場合は声が高くなることはないのだが、胸がふくらんだり、体が丸みをおびたりする。いずれも変化に個人差がある。

身体の変化が多くの当事者に精神的な安定をもたらすようだ。井上も「初めて男性としての自分の人生を歩みはじめた感覚を持てたのはホルモン治療を開始した時だった」と振り返る。こうやってホルモンの摂取によって、体を、頭が認識する性に段々と近づけていき、それから性別適合手術に移るのが一般的なステップとなる。

ちなみに、ホルモン療法のみで、手術は受けないという当事者もいる。また、手術後も当事者はずっとホルモン療法を定期的に続けていくことになる。なお、持病の関係などからホルモン療法をせずに手術をするケースも稀ながらある。ホルモン剤はインターネット通販などで海外から取り寄せることも可能で、精神科医の診断を待たずに当事者が〝フライング〟して服用を始めてしまうことも多い。

ガモン病院で手術を受けたレイカさん＝仮名＝は自分が性同一性障害なのではないかと気付いてから、焦りで診断を待てず、海外からホルモン剤を取り寄せた。なぜ焦るのかというと、一度大きく男性らしく成長した体型を小さくする方法がほぼないからだ。すでに説明したように、声変わりした低い声を高くすることもホルモン療法では叶わない。用量用法を間違えると危険で、勝手な服用は望ましくないのだろうが、焦る気持ちは理解できる気がした。

インターネットに情報を求めて

さて、話を井上に戻そう。そういったホルモン療法や手術が存在するらしい、と井上が知ったのは約15年前、20歳の頃だった。しかし、当時は今ほど情報がなかった。インターネットでも、掲示板やmixiがあったぐらいで、検索してもなかなか目当ての情報にはたどり着けなかったのだ。

井上が思い付いたのが「オナベバー巡り」だった。早速東京・新宿に出向き、有名店に足を踏み入れた。ホルモン療法ってどんなことをするのか。どこでできるのか。手術はどんな風か？「聞きたいことは山ほどあったし、同じ境遇の先輩に会えると思うとワクワクした」

しかし、その「先輩」たちの対応は冷たかった。「そういう情報は、自分で取るものだから」。気に障る聞き方をしてしまったのか、あるいは信頼関係のない相手に教えるような情報ではなかったのか。井上が会った「オナベ」の人々は親身になって相談に乗ってくれるわけではなかった。

「ロールモデルになってくれるような先輩がいるって思って行ったんですけどね。昔のおなべバーってなぜかダブルのスーツ着て、金髪・角刈りでねじり鉢巻き似合います！　みたいな感じでした。みんな太っていて、お腹が出ていて、こうはなりたくないって思っちゃいましたよ。しかも優しくないっていう……」。他の店でも試してみたが、対応は同じようなものだった。

すっかり落胆した井上がすがったのが、インターネットだった。井上は思い切った行動に出た。検索しても情報が少ないので、ホームページを自ら作りはじめた。しかも、自身の顔写真を公開した。自分が抱える性別への違和感、情報を求めていること、そしてこれから始める医療サポートや手術の様子、それらをホームページ上に現在進行形で公開していくことにした。

今でこそ有名ブロガーやユーチューバーがインターネット上で顔出しするのも一般的だが、当時は珍しかった。まして、性同一性障害であることをカミングアウトしているのだ。

「ネット上には行き場があったんですよね。リアルな（性同一性障害の）友達はいなかったので。これからの自分の治療経験も情報として残していけば、役立つ人もいるだろうと思ってホームページを作ったんですよ」

たちまち人気サイトになった。当事者からは様々な連絡があり、そのなかにはホルモン療法を受けられる国内の病院やタイでの手術に関する有益な情報もあった。ホルモン療法は井上に大きな変化をもたらした。

「楽しみを一切見いだせない人生を送っていたんですよ。いつ死んでもいいと思っていました。で、ホルモン治療を始めた時に初めて自分の人生を歩めたというか。女性のレールに乗っていたら、夢とか希望とかなかったんですよ。女性として結婚したくないし、女性として仕事したくないし。なにも……、無理なんですよ。ホルモン治療を始めてやっと男性のレールに乗ったんですけど、なんか、ちゃんと自分の足で立っているような実感がわきました。そういった意味では、その時以来、けっこう右肩上がりな感じというか、それまでが底辺だから右肩上がりしかないんですよね。これから楽しみだな、みたいな！」

井上の明るさは、長いあいだ封じ込められていた「男性として生きる」という、非当事者としては当たり前の感覚を、ついに手にした喜びから始まっているのかもしれない。井上はブログを通じて知り合った当事者と「オフ会」を開催し、友人の輪をどんどん広げていった。

井上はホルモン療法を続け、ついにタイに渡ってヤンヒー病院で手術を受けることを決心する。アクアビューティのウェブサイトを見つけたが、航空券やホテルを自力で確保できる井上にとっては料金が割高に感じられた。そこでひとりで渡航しようと考えていたところ、あるもうひとつの「アテンド会社っぽい」ウェブサイトを見つけた。このウェブサイトから問い合わせを入れたことが後のＧ-ｐｉｔ誕生へと発展する。

型破りな男・石田来

さて、Ｇ-ｐｉｔ誕生の経緯を説明するには、もう１人の人物の半生を紹介する必要がある。現在の井上の「相棒」とも言える石田来《きたる》だ。２０１９年８月30日、バンコク都心部のショッピングモール内にあるコーヒーチェーン店で、石田と待ち合わせた。石田を紹介してくれた井上も、取材に同席することになった。

コーヒーを注文して井上とテーブル席で待っていたが、時間になっても肝心の石田が現れないので心配になってきた。するとＬＩＮＥのメッセージで井上に「寝坊した」と連絡があった。約5分後、遅れて原付バイクで駆け付けてくれた石田はポロシャツにハーフパンツ、サンダルという身軽ないでたちだった。現地在住16年らしい格好だ。ただ、「寒い、寒い」と腕をさすっているのはなんだかおかしかった。東南アジアの国の建物内は、日本人の感覚では少々冷房が効き過ぎている。慣れていてもよさそうだし、寒さに弱ければなぜTシャツで来たのか。そんなことを考えていたせいか、石田は37才という年齢より若く見え、いい意味でスキのある、とっつきやすい印象を受けた。

石田がタイに来たのは２００４年。都内の有名私立大学を中退した石田は、21才で初めて訪れたタイという国に惚れ込み、移住を決意した。当時のタイはコールセンターの日本語対応従業員であれば、日本人に労働許可が出やすい状況だった。

そもそも石田は型にハマらない、というかハマれない男だった。大学在学中からキャバクラやサパークラブのボーイなどアルバイトを転々としてほとんど授業には出席せず、19歳の時にはそんな水商売で知り合ったクラブのママの娘と結婚。それも1年と持たずに離婚する。突然「海外に行こう！」と思い立って中国・北京の短期留学に申し込むも、大気汚染による空気の悪さに面食らってホームシックになり、わずか3日で帰国した。その後、日本で会社に入って営業の仕事などもしたが、長続きはしなかった。

石田は飄々と、なぜか楽しそうにそんな過去を語ってくれた。「良いことは覚えてるんですけど、悪いことは本当にすぐ忘れちゃうんですよ」と笑いながら寝癖のついた頭を掻《か》く。この「軽さ」が石田の短所でも長所でもあるのだろう。タイに来たのも特段考えてのことではなかった。当時始めたばかりのゴルフでコースデビューしようと、知人に誘われてフットワーク軽くバンコクまで来たのだ。中国とくらべて街の雰囲気が明るく感じ、すぐに気に入って住みついた。

タイでも仕事を転々とし、落ち着いたのが日系の旅行会社だった。大手旅行会社の下請け業務を担うタイの現地会社で、石田の仕事は主に「トラブル対応」。当時多かった団体旅行で、パスポートを無くしたとか、スリにあったというような旅行客が、その団体から一時的に離れて日本大使館などで手続きをする時に、付き添ってサポートするのが主な仕事だ。ただ、トラブルは月に3回ほど起きれば多い方で、石田は持て余した時間を「ホームページ作成」の勉強に費やした。石田は新しい物好きで飽き性だが、どっぷりハマると集中力を発揮するタイプだった。

性同一性障害の当事者だという知人から連絡があったのは、ちょうどその頃、2005

年のことだった。東京で水商売をしていた時に知り合って以降しばらく連絡はなかったが、石田がタイにいると知って助けを求めてきたのだ。男性から女性への手術をしたかったその知人は「タイのヤンヒー病院というところで性別適合手術ができると聞いた。手術費はいくらなのか調べてきて欲しい」と言う。石田はそんな手術があること自体知らなかったが、言われるがまま、すぐヤンヒー病院に出向いた。

無償で始めたアテンド業

「あなたが手術を受けるんですか？　そうではないなら、アテンド会社でもないのに教えられません」。ヤンヒー病院の対応は冷たかった。あるいは、石田のタイ語力が足りずに怪しまれたのかもしれない。ともかく門前払いされた石田は、こうなると諦めたくなくなった。そこで妙案を思いつく。勤め先の上司に相談し、旅行会社として客をヤンヒー病院に連れてくるツアーを企画していることにしたのだ。仮の企画書などを作って、ちゃんとタイ語の通訳も帯同して再訪した。ヤンヒーの対応は一転し、マーケティング部門のスタッフが費用など詳細な説明をしてくれた。

その情報を知人に伝えて一件落着だったのだが、社内ではせっかく企画書を作ったのであれば、実際にアテンド業をやってみてはどうかという話が持ち上がった。石田は趣味で鍛えた技術を活かして、さっそくウェブサイトを立ち上げ、客を募集することになった。

だが、まさにウェブサイトが完成した矢先のことだった。その旅行会社が倒産したのだ。仕事を転々としてきた石田にとって勤め先の倒産自体はショックでもダメージでもなかったが、自身が立ち上げた性別適合手術のアテンド事業も頓挫するのは惜しい気がした。それで、上司に一応の許可をもらいウェブサイトは残していた。初めて本格的に手がけたサイトだけに思い入れがあったが、問い合わせはさっぱり来なかった。

「(勤め先の旅行会社は)アクアビューティと同じぐらいの値段設定にしていたんですよね。それでは全然連絡が来ない。それで、発想を変えて、どうやったらタイで手術が受けられるのかというハウツー記事を掲載していったんです。それで、何か困ったことがあったら連絡してください。付き添いが必要なら無料でやりますっていう風に書き換えました。そしたら、ついに連絡が一件きたんですよ!」

興奮気味に話す石田の話にちょっと理解が追い付かなくなった。情報をタダで公開して、アテンドも無料となれば何で金をとるつもりなのだろうか。石田は話を続ける。

「なんというか、その時は商売という感覚はほぼなかったんですよね。自分は本当にホームページ作成自体にハマっていて、自分が作ったページを見て、信じて問い合わせてくれたっていうことにすごく興奮して」

この話にはあまり関係ないが、私も趣味で海外サッカー観戦に関するブログを作ったことがあって、なんとなく気持ちは分かる気がした。ページを公開した当初は、アクセス数を頻繁に確認してしまうし、問い合わせやコメントが来た時には妙な興奮を覚えるものだ。石田の言葉を信じるなら、無料にしたことに大局的な戦略性はなかった。あくまで趣味の域を出ない行動だった。

「そうして初めて来た問い合わせに、３ヶ月ぐらいかけてメールでやりとりして、ついにその人がタイに来てくれたんですよ。うれしくて、ちゃんと同行しました」

実際に石田はアテンド料をとらなかった。とらなかったどころか、最初の「客」には石田がタクシー代を出した。その後にやってきた客にはさすがにタクシー代は出してもらってはいたが、すべて無料のボランティアとしてしばらく続けた。

にわかには信じられなかったが、ウェブサイトの運営者として、自分のページを参考にしてタイにやって来た人と「オフ会」の気分で会っていたらしい。今ほどインターネットが普及していない時期なので、そうやってネットを介して人と会うという体験自体に面白さを感じていたようだ。だとしても、ちょっとお人好し過ぎるのではないか。

ただし、石田のこのときの「アテンド」は、坂田のアクアビューティのように、ホテルや飛行機を手配するなど、手術のすべての工程に同行するような本格的なものではなかった。あくまで自分で宿泊先や航空券を確保しようという客に、アドバイスをしていた。たまにヤンヒー病院がご褒美のように斡旋の手数料を渡してくれて、それをお小遣いのように受け取っていた。

ビジネスパートナーとの出会い

石田がそのアテンド業のような仕事を細々と続けて2年ほどが経過した2007年。井上が石田のホームページを見て、手術を受けたいと連絡してきた。ちょうどその頃、石田は客から5万円ほどの「アテンド料」を取りはじめた時期だった。各種手配や空港到着からお見舞いまでの同行などを含む「パッケージ」ではなく、病院での通訳などのコンサルタント、アドバイザーとしての役割に対する対価だった。自力でヤンヒー病院の手術を受けようとしていた井上にとっても、5万円で補助的な役割を担ってもらえるのは好都合だった。

その時の出会いが衝撃的だったと石田は振り返る。

「アテンド業みたいなことを続けるなかで当事者に100人以上会っていたから、性同一性障害といってもいろんな人がいるんだなあとは実感していましたよね。中でも、井上くんは群を抜いて変な子で、だけど、すごく光るものがあったんですよ」

石田が指摘するように、井上は破天荒だった。まず空港で出迎えると「ホテルを予約してないから適当に繁華街で降ろしてください。最悪の場合は路上で寝ます」と言い放った。彼女と別れたばかりでお金がなくなったと言って、乳房の切除と子宮・卵巣摘出の2つの手術を両方やる予定だったのに、急に胸の手術だけに変更。さらに手術の前日まで、現地で知り合った若いタイ人女性と地方に遊びに行ってしまって、連絡が取れなくなったりした。

普通ならいくら客とはいえ見離してしまいそうなものだが、石田は、井上とゲラゲラ笑いながら楽しそうに当時を振り返っている。

「井上君から手術前日にやっと電話がつながって『今タイなんですけど、どこか分からないです。よく知らないタイ人の女の子に、田舎に連れてこられてしまいました、バンコクに戻れれば連絡します』とか言うんですよ（笑）」

「そうそう、あの時俺タイ人の子に恋しちゃったんですよね～！　3日間ぐらい田舎の実家に泊めてもらって、その地域で毎日お祭りみたいなものが開催されていて、おいしいタイ料理をたくさんたべさせてもらって」

「ね！　むちゃくちゃでしょ？」と石田がやっとこちらに目を向けた。たしかに、破天荒すぎる。私もこういう話を聞くのは好きな方ではある。だが、戸惑いが勝って石田と同じテンションで同調はできなかった。

井上を「顔」に本格始動

石田も職を転々としながらタイに住み着いたぐらいなので、2人は似た者同士気が合ったのかもしれない。井上が無事に手術を終え、3週間の滞在も終盤に差し掛かる頃、石田は井上に共同でアテンド業をやろうと持ちかけたのである。

ただし、これまでのような小遣い稼ぎではなく、本格的なアテンドをおこない、その対価にしっかりと料金を取るという方針を立てていた。仕事の振り分けも決めた。井上が日本での集客を担い、石田が現地で対応するというものだ。石田は現地で当事者を案内することに慣れ、手応えを感じはじめていた。井上は手術後もやたらと元気で、同時期に手術のために渡航してきていた2～3人の当事者とも仲良くなり、いつの間にかリーダー的な存在になっていた。石田はそこに目をつけた。井上は手術前の騒動で迷惑をかけたという罪悪感もあり、さらに石田と気が合うと感じていたため、直感的に快諾した。

「自分のウェブサイトやオフ会とかで手術に関する問い合わせはすごく来ていて。でもやっぱり（情報を教えてもそれは）ボランティアじゃないですか。ボランティアは続かないというのもあったし、単純に自分も（手術の情報がなくて）困ったから、そういう人たち助けたいなというのもあって。絶対に人が集まるって分かってたので、石田さんに日本で集客してほしいって言われたときに二つ返事で『絶対にいけます』って」（井上）

こうしてG-pitは坂田のアクアビューティのライバル会社として歩みだした。準備や試行期間を経て、井上がＧ-ｐｉｔを日本で２０１１年に設立し、石田はタイで旅行会社「株式会社ＧＩＤ」を設立した。井上はすぐに闘争心を燃やしはじめる。「やるからにはアクアビューティを絶対抜きますから。自信ありますよ」。当時石田にそう力強く宣言した。

井上は自身のホームページやオフ会で築いた人脈やノウハウを活かして、宣言どおり、客を集めた。現在は、Twitter などのＳＮＳやYouTubeでの動画配信、リアルなイベントやメディア出演と、存在感を高めるための営業・宣伝に奔走している。

石田もタイでの在住経験のなかで培った人脈を生かし、日本語ができるタイ人スタッフを雇い入れて現地でアテンド業務を担う人材を育てた。石田は現在、現地スタッフの配置や病院との折衝役を担当し、実際のアテンド業務はスタッフに任せている。

一番人気は「パック型」

石田・井上によると、Ｇ-ｐｉｔの当初のターゲットは英語ができてホテルや航空券も自分で確保できる「自立型」の当事者だった。坂田のアクアビューティが手術費、宿泊、航

アテンド会社情報②

G-pit
（株式会社G-pit）

右は（株）GIDの石田来

代表名	井上健斗
拠　点	渋谷区恵比寿に本社を置く。新宿、名古屋、福岡、茨城に拠点あり。
設　立	2011年10月
特　色	SNSやYouTubeでの発信力に強み。説明会兼飲み会などのイベントを開き当事者同士のネットワークを築く。手術経験者が日本から24時間付き添うVIPコースが人気。現地の案内は（株）GIDがおこなう。

▼会社公式ウェブサイト

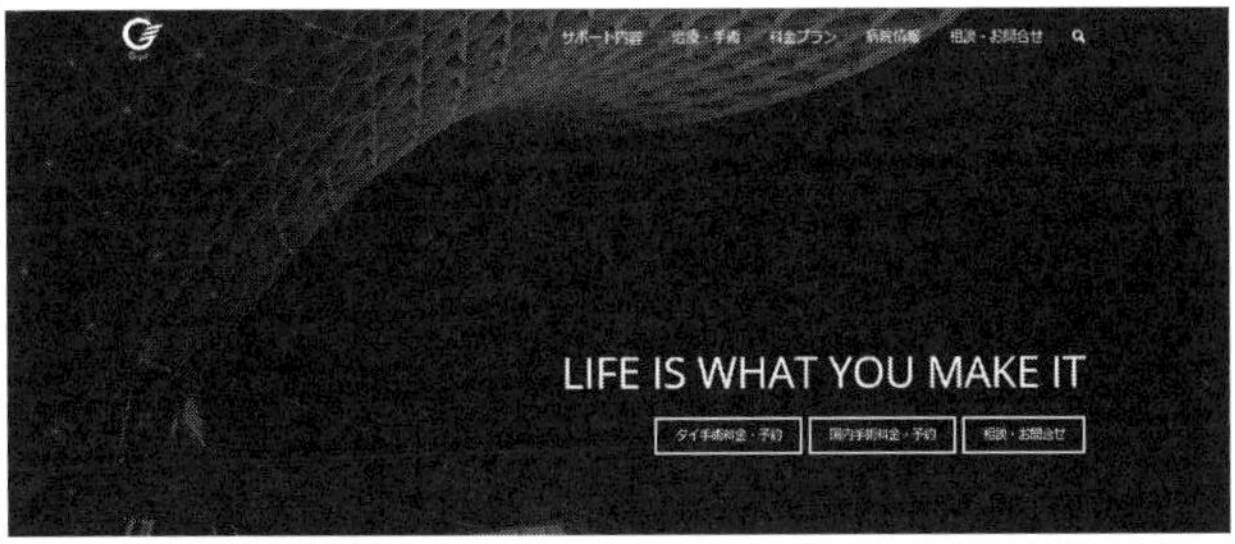

▼料金表※1

男性→女性	性器手術※2	**130～183万円**※VIPコースは要相談
女性→男性	乳房摘出	**55～111万円**
女性→男性 ステップ①	子宮卵巣摘出	**53～121万円**
女性→男性 ステップ②	膣閉鎖など	**81～184万円**
女性→男性 ステップ③	陰茎形成	**159～245万円**

※1　会社公式ウェブサイトより引用。ヤンヒー病院利用の場合。手術費の他、航空券、入院、退院後のホテル滞在費、現地でのケアなどを含むパック料金。シンプルなコースからVIPコースまでサービス内容によって大きな差がある。渡航時期やオプションによってさらに変動。いずれも概算。

※2　精巣摘出、陰茎切除、造膣、陰核形成、外陰部形成など一連の手術。

空券、現地でのケアをパッケージ料金で提供していたのに対し、Ｇ‐ｐｉｔは割安な料金で最低限のサービスを提供しはじめた。井上は自分のようにアクアビューティのアテンド料金を割高に感じ、節約したい層がターゲットになると考えていた。

ただ、そのすみ分けはすぐに崩れることになる。

「『手術費、航空券、宿泊費、アテンド料』って４つの金額を詳細に出すのは説明が大変になったんですよね」と石田は打ち明ける。為替も日々変動し、航空券も燃油サーチャージなど時期によって変わる。アクアビューティのパック料金は理にかなっていることも分かってきた。そこで、そのパック料金自体を値下げして、価格競争に持ち込むことにした。割安、スタンダード、ＶＩＰの３コースを用意し、割安とスタンダードのコースに注文が集中するだろうと考えた。

ところが意外なことが起きた。Ｇ‐ｐｉｔで一番の「人気商品」が、高額なパック料金で提供される「ＶＩＰコース」になっていったのだ。名前の通りＶＩＰ待遇で、手術経験者のスタッフ１人が、日本で飛行機に搭乗するところから付き添ってくれる。金額は乳房切除などの初期の手術でも１００万円を超え、陰茎形成など大きな手術では２４０万円ほどする。アクアビューティの上級パック料金よりも高額だ。日本国内の手術と比較しても高い。岡山大学病院で保険適用なしの全額自己負担で乳房切除の手術を受ける際の金額は74万円。陰茎形成の手術も同様に217万円だ[★1]。

井上はこう話す。「僕は絶対ＶＩＰプランは頼まないタイプなので、誰も申し込まないと思ったんですが、まさかの人気ぶりで……」。苦笑いしながらも嬉しそうだ。

なぜパッケージ型が人気なのだろうか。20年前であれば別だが、いまは航空券もホテルも簡単に予約でき、安くすることができるだろう。Ｇ-ｐｉｔのＶＩＰコースだけでなく、「アクアビューティ」のパック型サービスはやはり人気があり、他社もほとんどはパック型を主力としている。

アクアビューティの坂田やＧ-ｐｉｔの井上、石田はそろって「不安」が大きな要因ではないかと分析した。多くの当事者に接してきた3人は、彼らが言いようのない大きな不安感に包まれているという印象を持っている。もちろん全員ではないし、井上のような行動的で（少なくとも表面上は）楽天的なタイプの当事者もいる。ただ、幼少期から性別の違和感に悩み、親にもうまく相談できず、自分らしく、自信を持って行動することが難しくな

★1　出典は岡山大学病院ウェブサイト―http://www.okayama-u.ac.jp/user/genderc1/pdf/srs05.pdf

っている人が多いのではないか、と彼らはいう。だから準備や交渉事をまるごとお願いできるコースを選ぶ。それが少々高くても。

アクアビューティの坂田も、後からパック型の手術ツアーが人気になった理由が分かってきたという。そしてG-pitの井上と石田も、同じ方向に舵を切った。

アクアビューティは日本に会社を置き、ミドリさんが所属する現地の旅行会社と提携するかたちをとっていて、G-pitは石田と井上がそれぞれタイと日本に会社を置いて実質的には同一グループによる「二本社制」のような体制を敷いている。いずれも日本に拠点がある点は共通だ。

この2社とは別にタイに本社機能を集中させたアテンド会社がある。しかもアクアビューティに並ぶ「老舗」で、「第一世代」に数えられる。タイSRSガイドセンターだ。

ガイドセンターの気になる噂

アテンド会社について取材を進めるなかで「タイＳＲＳガイドセンター」（以下ガイドセンター）の名は何度か聞いた。「ガイドセンターはこの業界では古参の部類」だという。ウェブサイトを見ると「Since 2004」とある。アクアビューティが２００２年に最初の客をタイに送り込んでから、わずか2年後には営業を始めていることになる。

各アテンド会社のリサーチ時に、インターネットの匿名掲示板もいちおう確認していた。情報源としての信憑性などないが、ガイドセンターの創業者・横須賀《よこすか》武彦《たけひこ》に対するものとみられる悪口を書き込むスレッドも立ち上がっていて少し気になっていた。

もちろん、商売をしていればさまざまな評価・評判が出てくる。アクアビューティについても、立ち上げ当初のパック料金が「ぼったくり価格だった」と不満をいう当事者もいた。Ｇ-ｐｉｔに対しても「仲間内で盛り上がっているようなノリが苦手」と揶揄する声もあった。本書で後に紹介するアテンド業者に関する悪評も少なくない。

ただ、そのスレッドに書いていた噂のひとつに「横須賀は風俗の斡旋業をやっていて、そこから性別適合手術のアテンド業に転じた」というものがあった。風俗の斡旋業とは、事実なら気になる経歴だった。

これらの噂話も含めて率直に本人に聞いてみようと思い、取材を申し込んだ。応じないかもしれないとやきもきしていたが、スタッフの加地茜《かじあかね》から丁寧な返信があった。バンコク郊外の会社事務所に招待するとの内容だった。渋滞が多いタイの交通事情に関するアドバイスなども丁寧に記されていた。

警戒ムードの取材

２０１９年8月31日。バンコク市街地から電車とタクシーを乗り継ぎ、１時間弱かけて郊外のタイＳＲＳガイドセンターの事務所にたどりついた。加地のアドバイス通り、電車を使ってよかった。繁華街からタクシーで移動していたら、大渋滞に巻き込まれて遅れていたかもしれない。

室内に案内され、創業者の横須賀武彦とスタッフの加地に、テーブル越しに相対した。横須賀は堂々とした様子で所作や表情に貫禄を感じた。

加地はトランス女性（ＭｔＦ）の当事者で、ウェブサイトでは顔出ししてブログ記事や自身の性別適合手術と、その後の経過について綴っている。なお、ＳＲＳガイドセンターのウェブサイトは、アクアビューティやＧ‐ｐｉｔと同様に比較的見やすく整っており、「実績」には、芸能人の「スザンヌみさき」や「ＩＶＡＮ（アイバン）」の名があった。「マンガで分かるタイＳＲＳ」というコミックエッセイのような解説記事も分かりやすい。

いざ取材を始めようとして、面食らった。加地から「ＩＣレコーダーを回して録音してよいですか」と確認され、さらにビデオカメラで撮影することにも同意を求められた。承諾すると、加地はカメラのセッティングを始める。「あれ、固定されない」「そっちに付けた方がいいんじゃないか」と横須賀とやりとりしながら、録画スイッチを入れる。横須賀と加地の会話自体は和やかな雰囲気ではあるのだが、取材が撮影されるのは今回の一連の取材においては初めてだった。明らかに、警戒されている。さらに、「確認なんですけど、伊藤さんはアテンド会社に対する位置づけ、どういう感覚というかあっていいのか、あっちゃいけないのかってスタンスはありますか。中立ですか」と問いかけられた。

アテンド業に携わる人への取材も二桁に達するところだったが、取材冒頭で業界に対するスタンスを問われたのも初めてのことだった。回りはじめたビデオカメラを意識しながら、横須賀に本書の構想を説明した。アテンド業を切り口にして、タイでの性別適合手術全般について実態を伝え、結果的に性同一性障害についての理解が深まるような内容にしたい。その上で、横須賀と加地には会社の成り立ちやこれまでの人生を振り返ってほしいとお願いした。

横須賀は私の説明を聞くとこう言った。

「(一部の人は)アンチみたいなことを言うわけですよ。アンチアテンド業者みたいな。そういう立場の人たちに話す内容は変わってこなければいけないんですよ」

日本の医者や学会関係者、それに一部の報道関係者は、アテンド会社をよく思っていない人も多いのだという。それで、のこのことやって来たこの記者のスタンスを確かめたかったのだろう。ビデオカメラを回したのも、だまし討ちのような取材を避けたかったのかもしれない。

アテンド業は必要悪?

横須賀は取材意図について一定程度納得してくれたようだった。

「片方だけで成立するわけではないんですよね。性別適合手術がなければ我々も当然存在しない。じゃあ、こっち側（アテンド業）は本当にいらないのかっていうか、必要ないのかというと……」と最後までは言わなかったが、「そんなことはない」という言葉を飲み込んでいるのは明らかだ。

「必要悪みたいなことを言う人もいるんです。必要悪。お医者さんもそうだけど、一般の人の中でもたとえば身内に性同一性障害を持つ人がいた場合に、アテンド業者のことを必要悪と考える人もいるんですよね」

「必要悪」は気になるワードだ。ないほうが望ましいが、やむをえず必要とされるもの。日本で十分に性別適合手術を受けられる環境があるのが理想だとすると、医療体制が整っておらず、多くの当事者がタイにわたらざるを得ないこの現状では、その当事者からアテンド料を取るこの生業《なりわい》は、たしかに「必要悪」ということになるかもしれない。

横須賀は続ける。「世の中でマージン（手数料）を取っていないところはないんですね。どんな仕事でも。それを悪いことのように捉える人が中にはいるんです」。知識や経験、時間を注ぎ込んでサービスを提供している側としては、マージン批判は不合理に感じるかもしれない。横須賀は2013年、沖縄で開かれた「GID（性同一性障害）学会第16回研究大会・総会」に招かれ、講演をしている。そのなかで実際に「アンチアテンド業者」の人物から「（性同一性障害の人々を）搾取している」と公開の場で言われ閉口したという。

「我々は正当なサービスフィーをもらっていると思っています。でも、それを取られる方、あるいは取られる人の関係者の側は、そんなもの必要ないと考えているのかもしれません」

横須賀は話をするうちに警戒心をゆるめてくれたようだった。そこからざっくばらんに、自身の過去を語ってくれた。

職場の閉鎖後もタイに

横須賀もアクアビューティの坂田やG-pitの石田と同じように、性同一性障害の当事者ではない。「非当事者」でありながら偶然にも性別適合手術を知り、この業界に参入した1人だった。創業者としてガイドセンターを立ち上げ、68歳となった現在はチーフアドバイザーとなって第一線からは身を引き、アテンド業務は加地らスタッフに任せている。

横須賀の場合は１９９７年にタイへやってきた。当時まだ45歳。メーカーの会社員で、ダイヤモンドのカッティング工場の工場長として赴任した。ただ、赴任のわずか3ヶ月後、アジア通貨危機が発生した。

「それまでは1万円を両替すると２５００バーツにしかならなかったんですよ。ところがアジア通貨危機が起きた次の日に両替に行ったらなんと５０００バーツ、2倍になったんですね。好機ではあったけどおそろしかった。こんなのまたあったらどうするんだろうと」

アメリカのヘッジファンドの空売りによって引き起こされたアジア通貨危機は、タイ・インドネシア・韓国などの経済に大きな打撃を与えた。一方で、タイバーツの価値が暴落したことをきっかけに、タイの民間医療機関は海外からの患者獲得にシフトする。タイが医療ツーリズム大国に舵を切るターニングポイントでもあった。

横須賀の工場は、通貨危機の影響のあおりを喰らい、製品の需要低迷も重なって、3年後には閉鎖される。同時に横須賀の工場長の任も解かれることに。50歳近くになっていた横須賀は、会社員としての将来に希望を持ちにくくなっていた。思い切って、サラリーマン人生に見切りをつけ、タイにそのまま残って生活する道を選んだ。

「日本に帰ってもコンビニバイトとかガードマンのような仕事しか残ってないんじゃない

かなって。それだったら、3年間、仕事で学んだタイ語をベースに何かできるんじゃないかと。タイという国は日本と比べて融通が効くイメージもありました」

「風俗紹介」噂の真相

横須賀は工場長時代から、興味本位で日本人向けにタイの情報を日本語で発信するホームページを立ち上げていた。「いまでいうブロガーという感じでしたね。(サイトに)何でも聞いてくださいという風にも書いていました」。「面白半分」の趣味程度のものだったという。

日本人向けのウェブサイトはあくまで趣味だったが、本業として横須賀はタイでウェブサイト制作を受注する会社を立ち上げた。当時は外国人がタイに会社を設立する要件も、現在よりずっと緩やかだった。「タイSRSガイドセンター」を運営する会社名が「ジェイ・ウェッブ・クリエーション株式会社」なのは、このころの名残である。

話の流れで、いや、結局唐突な感じになってしまったが、横須賀に気になっていた質問をぶつけてみた。「あくまで噂で聞いたことの確認というか……、横須賀さん、風俗を紹介する仕事をやっていて、そこから（性別適合手術のアテンド業に）発展していると……」

するると、横須賀は明快に、早口でこう答えた。

「全然、全然。お客さんから頼まれて案内したことはありますよ。けど、それを業務としてやれるわけないじゃないですか。勝手に皆さん想像して色々なこと言っているみたいですけど、ありえないですから。そんなことはタイでできませんから。会社として風俗（の紹介）やりますって、そんな会社ないですからね」

横須賀のその後の説明によれば工場閉鎖の前後に、横須賀のタイ情報のホームページ経由で、タイに関する様々な問い合わせが届いていた。

その８割はタイの性風俗に関する内容だった。情報を提供するだけでなく、タイに渡航してきた人を案内して、風俗店に同行することもあった。この案内は業務ではなく、あくまでボランティア。ただ、同行した際の支払いは先方に持ってもらうことにしていた。だが、時に「割り勘にしよう」と主張してくる相手とトラブルになることがあったという。横須賀自身はこの時にうらみをもった人が、ネットに悪評を書いているのではないかと分析していた。

そして、性風俗の紹介を職業にしたことはないと繰り返し強調した。案内した風俗店からも紹介料などはもらってはいないという。「もし、マージンをもらったら違法です。わざわざ違法なことを堂々とやれませんから」。つまり、自社の業務ではなく、自分のホームページに連絡してきた人に厚意でしていたことが、そう見なされたのかもしれないということらしい。

タイから日本の地方へ相談会

さて、話を横須賀がアテンド業を始めた経緯に戻そう。問い合わせの8割は性風俗に関する内容だったが、残りの2割の中に、少数ながら性別適合手術に関する相談があった。工場が閉鎖され、タイで何か身を立てる商売をしなければと思案していた2001年ごろのことだ。

問い合わせを通じてヤンヒー病院などの存在を知り、横須賀は初めて性別適合手術がタイで盛んなことを知った。タイの風俗店に「元男だった」というニューハーフの人がいたことを思い出したという。当時は深入りしなかったが、タイがこの分野で先進国であることを知った横須賀は「そういうことなのか」と合点がいった。複数の病院を回って情報を収集し、問い合わせてきた人に伝えると感謝され「ビジネスとして需要があるのではないか」と感じた。

「（ウェブ制作受注の）本業がうまくいかなそうだったので、他になにかとなった時に、たまたま一番将来性を感じたから始めました」。タイ人の現地スタッフとも組み、２００５年ごろから本格的にアテンド業に乗り出した。

最初の３年間は、年間20人から30人ほどの性別適合手術を希望する人をアテンドした。２００８年には少し増えた。２００９年には日本で手術の「相談会」を開催し、確かな手ごたえを感じた横須賀はこれ以降毎年２回ほど定期開催することにした。

相談会は日本に拠点を持たないガイドセンターにとって大きな柱だ。ウェブサイトの最上部にも赤いゴシック字で「無料個別相談会　受付中！」と書いてある（３月20日時点）。東京や大阪はもちろん、地方都市にも出向いた。地方では多くの集客は見込めないため、喫茶店で待ち合わせした。

「相談に来る当事者が、しょっちゅうキョロキョロしてるんですよ。どうしたんですか？

って聞くと『誰かに見られているような気がする』とか『相談してるのが知られたら困る』とか。地方都市に行くほどそういう傾向が強かったですね。東京でやる場合はみんなキョロキョロなんかしていませんでしたよね。偏見や抑圧って、本当に大変なんだなとよく分かりました」

日本各地に出向いて「需要」を掘り起こしたことで、業績は伸びていった。特に2013年頃は年間でそれまでの倍近い60件ほどの予約が舞い込み、「寝る間も惜しんで」アテンドに駆け回った。招かれたこの会社事務所の建物を購入できたのも、当時の繁盛のお陰だと言う。

新世代の入社

「人材がすべての仕事なんですよ」

横須賀はアテンド業をこう評する。

「日本から駐在して働くとなったらそれなりの給料を出す。でも（アテンド会社で）そんな給料を出したら赤字ですよね。会社に依存して生きているような人を使うことは難しい業界なんです。やっぱり大きく言えばミッション（使命）みたいなものがないとだめでしょう。朝8時から5時まで勤めて終わりみたいな感じだったら無理です」

横須賀もこの業界の人材難には頭を悩ませた時期があった。2012〜13年頃、日本人の男性のスタッフを雇い入れたが、繰り返し客に金を借りるなど態度に問題があり、3年ほどで解雇せざるを得なかった。

スタッフの加地が加わったのは2017年。

加地は元「お客さん」だった。2015年にガイドセンターのアテンドを利用してタイで男性から女性への性別適合手術を受けた。加地はガイドセンターに依頼した理由について、問い合わせに対する返信メールの内容が具体的で、情報量が多かった点を挙げた。

「たしか複数のアテンド会社に問い合わせをしたと思うんですけど、各社から返信が来て、一番分かりやすかったのがタイSRSガイドセンターでしたね。本当はヤンヒー病院で手術をするつもりだったんですけれど、横須賀さんから話をきいて、じゃあ最近の手術の詳細や手術が終わってから、時間が経ってからどうなるかってこと、あと費用対効果の面ですね。（自分にとって）バランスが一番取れているのがガモン病院ということで、じゃあガモン病院で手術をしようということを決めましたね」

加地はネット上の悪評についても、気にする風でもない。

「特に申し込むにあたって噂は調べませんでしたけど、まあ、悪評がないというのも怪しいですよね。良い評判も見つけましたし、総合的に考えて選びましたよ。結果的に、値段とかサービスのバランスを考えると最適だったんです」

実際にサービスに満足した加地は、それまで輸入代行関連の仕事で英語の翻訳業務などをしていたが、手術後に自ら横須賀の下で働きたいと申し出た。

「それまではパソコンに向き合って機械と話してるみたいな感じでしたから。できるだけしゃべるような仕事——通訳の仕事もしたかった。アメリカかなとも思ったんですが、タイに2回きたら暖かい気候で、フルーツがすごくおいしくて」

横須賀としては、自身の年齢的に事業を引き継いでくれる人を探しているタイミングでもあった。口ぶりから採用にはやや慎重だった様子がうかがえるが、加地は母親といっしょにタイに引っ越してきたこともあり「本気なんだろう」と思うようになった。

加地が入り、ウェブサイトがリニューアルされ、情報が充実した。もともと歴史が長い会社であることもあり、プレゼンスが一段と増したという業界関係者は多い。もっとも横須賀は「後継者」の加地には、語学面やアテンドの実務面ではまだまだがんばってもらいたいようだ。

当事者アテンド業者はＧＩＤ喰い？

加地にアテンド業への批判についてどんな風に思っているか聞いてみたくなった。というのも、よく見聞きする批判の中のひとつに、性同一性障害を抱える人がアテンド業をすることに対し「仲間同士なのにお金をとるのか」いう批判があったからだ。「ＧＩＤ喰《ぐ》い」という強烈な揶揄も目にした。当事者の加地はどう考えるのだろうか。率直に聞いてみると、

「分かります。良心がいたむということですよね。場合によっては今もあるかもしれないけど、それをいってたら自社の資金をつぎ込まないとやっていけない。だからボランティアでやるしかないですよね」

当事者の切迫した心理や経済的な状況は、思い当たる部分は大いにありつつ、それにす

べて応えようと思ったらこの仕事は成り立たないということだろう。加地の中のジレンマを見た気がした。

ちなみに「上司」の横須賀は次のように言った。

「問題なのはポリシーというか、どういう感覚で取り組むか。だから金儲けのひとつと思ってやればＧＩＤがＧＩＤを食ってるというのは当たってしまう」

横須賀の言葉はここまでだが、金儲けでなく、ミッション（使命）と思ってやれば「ＧＩＤ喰い」にはあたらない、と部下の加地に伝えているように思えた。期せずして、「引き継ぎ」の瞬間を見た気がした。

「アテンド業」のグレー性

横須賀は「タイ在住」のアテンド業者としては最古参ということになる。会社員時代の１９９７年から住んでいたことも考慮すると、重鎮とも表現できる。その横須賀がインタビューの中で、この業界についてグレーな部分があるという指摘をしていた。特に法律と

アテンド会社情報③

タイSRSガイドセンター

（ジェイ・ウェッブ・クリエーション株式会社）

代表名	横須賀武彦
拠　点	タイ・バンコク
設　立	2004年10月
特　色	バンコクに拠点を置いたアテンド会社では最も歴史がある。男性から女性への手術経験者をスタッフに迎えホームページもリニューアル。日本での説明会開催にも積極的。

写真は社員の加持茜

▼会社公式ウェブサイト

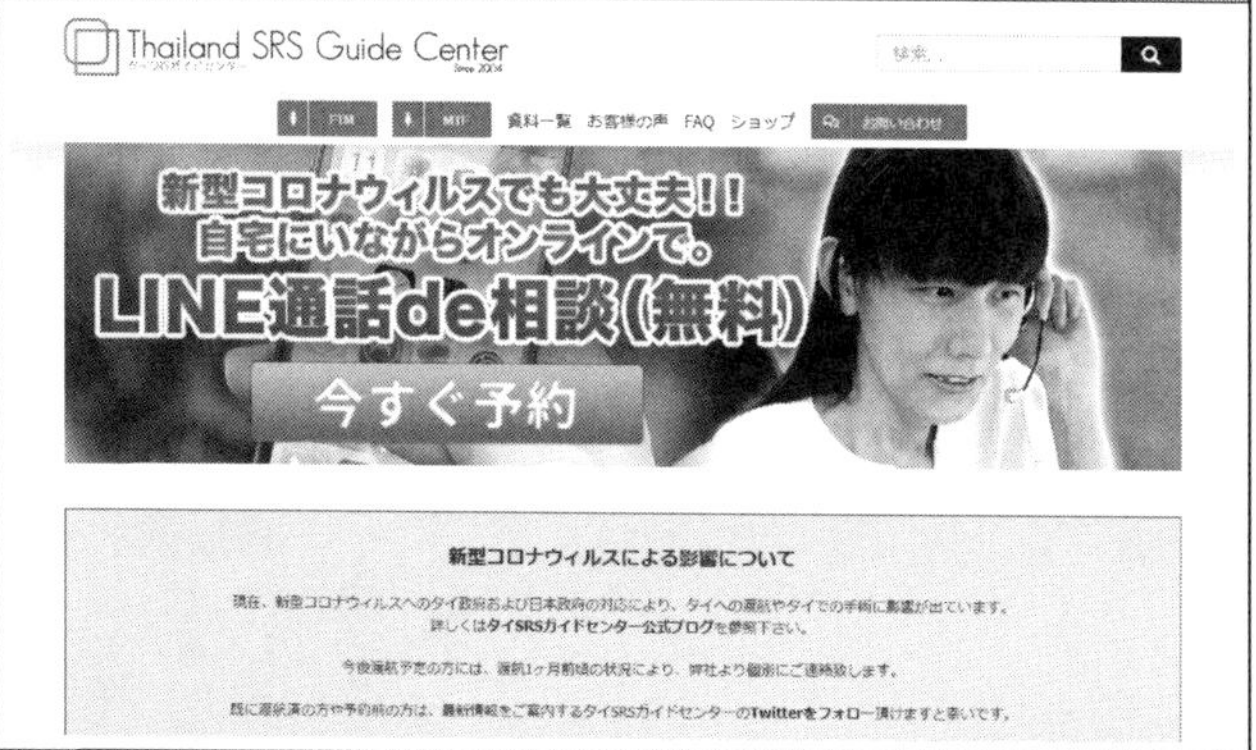

▼料金表※1

男性→女性	性器手術※2	141～235万円
女性→男性	乳房摘出	62～98万円
女性→男性 ステップ①	子宮卵巣摘出	55～66万円
女性→男性 ステップ②	膣閉鎖など	154万円～
女性→男性 ステップ③	陰茎形成	222万円～

※1　会社公式ウェブサイトより引用。ガモン病院の場合。手術費の他、航空券、入院、退院後のホテル滞在費、現地でのケアなどを含むパック料金。ウェブサイト表示の予算は目安で、為替レートなどにより変動あり。

※2　精巣摘出、陰茎切除、造膣、陰核形成、外陰部形成など一連の手術。

の絡みだ。

まず指摘していたのが、タイの観光に関する法律だ。タイではツアーガイドという職業に外国人は就くことができない。また、タイ人であっても所定のライセンスを取得する必要がある。摘発はそう多くないが、たとえば2019年9月にはタイ東部パタヤで、外国人を含む475人が違法にツアーガイドをしたとして検挙されている。

横須賀は自社の運営に関しては、この規定を厳密に捉え「客に観光ツアーはおこなっていない。必要であればツアー会社を紹介する」と明言する。じっさい、客を送迎する際は、空港からホテル、ホテルから病院へ「送迎」する範囲にとどめているという。アテンド業をしている日本人のなかには、あきらかにツアーガイドをおこなっている者もいるらしく、そのことに横須賀は憤っていた。

もうひとつ横須賀が強調するポイントが、タイで法人登記をしているか否かだ。「タイで仕事をするためにはタイで会社を設立する必要がある。これがアテンド業か否かに関係なく大前提。それを無視したところがいくつか、というか、たくさんあるんです」

横須賀はそうした人たちを「モグリ」と呼び「業界にはダーティーな部分がたくさんある」と言った。そうしたモグリ業者は、料金だけ徴収して空港の出迎えに現れなかったり、予約キャンセルの際に高額のキャンセル料を請求したりするケースがあるらしい。

ちなみにアクアビューティとG-pitは日本で法人登記し、タイ現地にある会社と提携する方式を採用している。横須賀もこの体制については「日本であらかじめ集金しているのであれば問題ないだろう」という。

タイの病院の斡旋から渡航中の同行、術後のケアまでをおこなう「アテンド会社」という存在に対して、お墨付きを与えたり、あるいは厳密な規制をしたりする制度は存在しない。そのため、グレーゾーンが生まれるのはある程度仕方のないことのようにも思える。ただし、横須賀が指摘したような悪質な業者が、その曖昧さを利用しているという指摘は、この業界を見渡すうえで重要なことに思えた。★2

第一世代から第二世代へ

こうしてここまで、アクアビューティ、G-pit、タイSRSガイドセンターという2000年代に参入した最初期のアテンド業者の成り立ちを追ってきた（石田来は2005

年頃からアテンド業を試験的におこなっていた)。それぞれに特色があり、業界で生き残ってきた理由を持っていた。本書では便宜上、以上3社をアテンド業の「第一世代」として分類している。

第一世代はそれぞれ「非当事者」が意外な形でアテンド業の需要に気づき、手探りでサービスを作り上げてきている。もちろん、G‐pitの井上、タイSRSガイドセンターの加地ら当事者もおおいに協力しているが、創業者に絞れば以上のようなことがいえる。当時普及しはじめたインターネットに注目し、フットワーク軽くウェブサイトを自前で構築する技術を身に付けたことも共通している。

彼らの事業のスタートはあくまで「ビジネス」だが、彼らなりに性同一性障害や性別適合手術について学んだり工夫したり、あるいは顧客の心情に寄り添える当事者を中核に置いたりといった「企業努力」が見られ、だからこそ現在まで事業が継続しているといえる。

ただ、ひっかかりもある。たとえば、アテンド業者はどこまでいっても医療のプロではないという点だ。性別適合手術はまぎれもなく医療行為である。もちろんアテンド業者はメスを持たない。だが、当事者のファーストコンタクト相手である彼らは、病院や医師の選定、医療サポート全体について説明する機会が多く、当事者の判断に不可避的に介入する。横須賀もアテンド業にライセンスや資格、条件がないことを指摘している。それでも、アテンド業への需要は途絶えていない。性同一性障害やトランスジェンダーについての認知が広がれば広がるほど、手術をしたいという人間は増えていくし（当然手術しなくてはいけないというわけではないが）、日本で手術が受けられる状況が未だ十分には整っていないなどの背景もある。

★２　横須賀は２０１４年に出席したＧＩＤ学会で「タイ国における医療ツーリズムの現状と課題」と題した講演をおこない、補足として講演内容をまとめたブログ（http://tcmg.blog70.fc2.com/blog-entry-677.html）を書いている。業界の問題の本質を「受け入れ側のタイの医療機関（病院やクリニック）が営利目的のためエージェント（アテンド業者）をフィルタリング（選別）せず誰でも受け入れる体質にある」とし、さらに、アテンド業者側の問題点を挙げている。長くなるが引用する。

アテンド業者側の問題点

・タイ語や英語などの言語能力がほとんどないにもかかわらずアテンド業務をしている業者がいる現実がある。
・患者へ事前に手術のリスクへの説明や術後のケアの情報提供ができてない業者がいる現実がある。
・中止すべき薬や禁忌事項をきちんと調べずに渡航させて手術できない事態を発生させている現実がある。
・業者間でもアテンド業務内容にバラツキがあり、必ず提供しなければならないサービススタンダードが確立していない現状がある。
・キャンセル条件がサイト上に明確に示されていない業者も少なからず存在していてトラブルの一因となっている現実がある。
・お客様の個人情報管理が甘く、ブログなどで容姿などを含む個人特定の情報が漏れている現実がある。
・アテンド業者の一部は年齢も若く知識や社会経験が不足したまま、プロとしての覚悟と責任を持てないまま業務をしている現実がある。（友達サークルの領域を出ていない状態）
・母国語の日本語の言語能力が低く患者の言っていることが正しく理解できないためトラブルの一因となっている現実がある。
・タイでアテンドを含め様々な業務を行うにはタイで法人（会社）設立とビザやワークパミット（労働許可証）取得＋タイ人スタッフ４人の雇用が必須ですが、これをクリアしていないモグリとも呼べる業者が相当数存在する現実がある。（個人で行うことは１００％不法就労）

やがて新たな参入者、いわば「第二世代」が現れる。

第一世代は非当事者が需要に気付き、2000年代からそれぞれ手探りでアテンド業を始めたのに対し、第二世代は性同一性障害の当事者として悩み、実際にタイで手術を受け、その経験を活かし、2010年代にアテンド業を始めている。一部例外はあるが、第二世代の多くがアテンド会社の「客」を経験している。そのためか彼らの仕事ぶりは第一世代とは別の個性を持っているように見える。次章ではこの第二世代が「性転師」になったいきさつやその仕事ぶりを探っていく。

第3章　第二世代の性転師

家族のような「ひまわりカフェ」

アテンド業者への取材はいよいよ次のフェーズに入っていく。手術経験者の当事者が始めた「第二世代」アテンド会社に話を聞いていく。

2019年9月1日、バンコク中心部の日本人在住者が多いスクンビット地区の和食居酒屋で、アテンド会社「ひまわりカフェ」を経営するヒロと掘りごたつのテーブルを挟んで向かい合った。

「ヒロ」と表現したが、ひまわりカフェは匿名での取材が条件だった。ひまわりカフェのウェブサイトにスタッフの実名や写真は一切出していない。利用者からの感想が掲載されたブログ記事に「ヒロさん、マサヤさん、トゥムさん、ありがとうございました」とカタカナで愛称が記されているので、今回はその表記に合わせた。

ウェブサイト自体も、これまで取材した業者に比べれば簡素な印象を受けた。トップページに社名になっている「ひまわり」の写真が大きく掲載されている以外に、これと言って特徴らしきものはない。顔出しＮＧの匿名なのだから、YouTubeも難しいしだろう。そういった〝目立つ路線〟を目指してはいないようだ。ただ、利用者の感想文は月に２〜５本程度、定期的に掲載されていた。堅実に稼働しているらしい。

ヒロは名前のイメージ通り男性だった。女性から男性への手術経験者だ。年齢は45歳。大柄で、全体的に顔も体格も丸っこい。目がくりっとして大きいので、優しいお父さんというイメージが近いかもしれない。早速ヒロはビール、私は取材中だったので飲みたい気持ちをグッとこらえてウーロン茶で乾杯した。

第一印象の通り、ヒロは挨拶の仕方も、話し方も穏やかで、張り詰めた空気は皆無だった。匿名にこだわる理由も、ためらいなく明快に答えてくれた。

「僕は女性から男性への手術を受けた人（ＦｔＭ）という枠ではなく、戸籍も変更していますし、男性として生きていきたい。うちのお客さんもそうです。僕らを男性として見ている人に、そういう目で（手術経験者として）見られたくない。僕はタイで男性として会員もしていたので、その関係者にも手術をしたことを知られたくないのが理由ですかね」

第一世代への取材では性同一性障害ではない「非当事者」が多かったこともあり、ヒロの話は今までとは違う印象を受けた。

当事者の中にはたとえば本書で紹介したG-pitの井上のように、目的や思いがあって手術経験や性同一性障害のことを公開できるタイプがいる一方で、多くは当事者であることと自体をおおやけにせず、変更したあとの性として周囲に認識されることを喜びながら、何事もなく生きていきたいと考える。ヒロはアテンド業を生業《なりわい》としているものの、「ただの」男性として生きていくことを望んでいる。その平穏を守るために匿名で働いているというわけだ。

30分ほどして、共同経営者のマサヤも合流した。43歳で、ヒロと年齢が近い。「ちょい悪オヤジ」とまではいわないが、少しやんちゃそうな雰囲気も醸したおじさんだった。マサヤも女性から男性への手術を受けた当事者で、匿名を希望する理由もヒロと同様だった。普段はこれにヒロの妻のタイ人女性を加えた3人で運営している。2人が揃ったところで改めて乾杯し、手術経験や会社の成り立ちについて尋ねた。

アクアビューティへの不満

ヒロが手術を受けたのは約17年前、28歳の頃だった。インターネットで検索して見つけたのが、「アクアビューティ」だった。「当時はアクアビューティさんかタイＳＲＳガイドセンターさんくらいしかアテンド会社がなくて。まだインターネットも発展していなくて、国内の情報もタイの情報もあまり得られなかった」という。そんな状況で、アクアビューティのウェブサイトにはタイで手術できることが明記されていた。選択肢はこれしかない。思い切って申し込んだ。

マサヤも同時期にアクアビューティを利用した。そして２人は、ヤンヒー病院で出会い、後に飲みに行く仲になった（本書で後に紹介するアテンド会社A&M RISEGROUPの船橋篤司も同時期に手術を受け、２人と知り合っている）。

17年前といえば２００２年頃だ。つまり、元祖アテンド会社のアクアビューティが産声を上げたばかりということになる。ヒロとマサヤは、まだアテンド業に不慣れだったとみられる初期のアクアビューティのサービスに不満を感じた。ヒロは言う。

「対応がとても良くなかったんです。通訳のタイ人男性が日本語もままならず、空港にも来なかった。次のステージの手術で２回目に渡航した時は、アテンドの担当者が変わったんです。ミドリさんという方になっていて、これはホッとしました。ただ、値段の割にサービスには物足りなさがあった。入院中も朝は来てくれるんですけど、回診の時にいなかったので、先生の言うことが分からなかったり。もし自分がアテンド業者なら、先生と客のあいだに通訳を必ず同席させようと思いました」

アクアビューティの坂田は初期のタイ人の男性スタッフについて「質が悪かった」と残念そうに認めていた。異国での立ち上げ当初、誰もやっていない業態に乗り出したのだから、同情の余地はあるだろう。ただ一方で、大金を払った当事者の中に不満を持つ人がいても不思議ではない。マサヤは英語を話せたので、ますますアテンド業者を介す意味を見いだせなくなった。

そしてヒロは第3ステージの手術を受けるための3回目の渡航から、マサヤは第2ステージの2回目の渡航から、それぞれ自力で航空券と宿を予約し、病院にも直接申し込んで手術を受けた。

男性から女性への手術が通常1回の渡航で済むのに対し、女性から男性への手術は陰茎形成まで希望する場合、3回の渡航が必要になる。ヒロが「段々と色々な仕組みも分かってきていた」と振り返るように、渡航を繰り返すうちに不安も解消され、人によっては自力で申し込めるようになる。これから紹介する第二世代のアテンド会社の創業者がいずれも、女性から男性への手術経験者である背景には、こうした「渡航回数の多さ」という理由もあるのだろう。

自分たちにもできる

初めて自力で申し込んだ3回目の渡航で、ヒロはタイ人女性と恋に落ちた。ヤンヒー病院に勤務する医療事務のスタッフだった。ヒロはしばらく帰国せずにタイで過ごし、そのタイ人女性と結婚した。一時は日本への帰国も検討したものの、結局タイ現地の会社に就職。働きながら、自分でアテンド業を始めることを思いついた。アメリカで仕事に就いていたマサヤを誘ってタイに呼び寄せ、一緒にひまわりカフェを立ち上げる。２０１０年、正式に登記して会社を興した。

「半年はお客さんがいなかったですね。ホームページは作ったけど問い合わせがない状態。『これヤバイな』と思っていましたよ。でも、1年目に顔の広いお客さんが来られて、色々紹介してくれるようになって、そこから口コミで増えていきました」（ヒロ）

第二世代としては初期参入組となるひまわりカフェは、古参の第一世代を相手に価格競争を仕掛けた。「少なく見積もっても他社より3割は安いアテンド料にしました」。その甲斐もあって、事業は軌道に乗った。設立1～2年目をピークに、これまでに約500件のアテンドを担ったという。そのほとんどが自分たちと同じ女性から男性への手術で、ヒロとマサヤは自分たちのことを「ほぼFtM専門業者」と認識している。

ただ、後に第二世代の参入業者も増えていき、パイの奪い合いが起きた。儲かっているかと問うと2人は「決して商売として成功したとは言えないよな」と顔を見合わせた。物価の安いタイだから生活できているが、それも近年の経済成長に伴う物価上昇で厳しくなってきているという。

希望する人にはスタッフ自ら一緒に病室で泊まり込むなど、手厚いサービスが創業当時からのウリだという。仲の良い男性2人とうち1人の妻で運営していることから、家族経営のようなイメージを持った。実際、力の抜けた2人から何か大きな野望や商売っ気は感じない。口コミで紹介したくなる安心感、があるのも分かる気がした。

次のアポイントメントがあったので先に出ようと、3人分のタイバーツ札を手渡したが、2人は固辞して、割り勘にしてくれた。温かい雰囲気を最後まで感じつつ、居酒屋をあと

アテンド会社情報④

ひまわりカフェ
(HIMAWARI CAFE CO.,LTD)

NO PHOTO

代表名	非公開
拠　点	タイ・バンコク
設　立	2010年10月
特　色	女性から男性への手術を中心に取り扱い。スタッフは同手術経験者。ウェブサイト等でスタッフ・利用者の顔出しをしない。ほぼ口コミのみで集客。

▼会社公式ウェブサイト

▼料金表※1

男性→女性	性器手術※2	要相談
女性→男性	乳房摘出	61〜64万円
女性→男性 ステップ①	子宮卵巣摘出	58〜75万円
女性→男性 ステップ②	膣閉鎖など	88〜125万円
女性→男性 ステップ③	陰茎形成	158万円

※1　会社公式ウェブサイトより引用。ヤンヒー病院利用の場合。手術費の他、航空券、入院、退院後のホテル滞在費、現地でのケアなどを含むパック料金。渡航時期やオプションによってさらに変動する。いずれも概算。

※2　精巣摘出、陰茎切除、造膣、陰核形成、外陰部形成など一連の手術。

にした。

レジデンスのある「ソフィアバンコク」

アテンド会社「ソフィアバンコク」にもアポイントメントを入れた。2019年9月1日、待ち合わせ場所のガモン病院前に、代表の槐《さいかち》佑哉《ゆうや》がプリウスに乗って現れた。後部座席に乗せてもらい、病院からほど近い住宅街の一角にある事務所にお邪魔した。

ソフィアバンコクについては、取材協力のお願いをする際に、場所を指定させてもらった。ウェブサイトを見ると「ソフィアレジデンス」という宿泊施設が事務所に併設されていたからだ。これまで取材したアテンド会社は、客が入院する期間を除けばホテルを手配し、そこに宿泊させるのが一般的だった。自前の宿泊施設は珍しいのでぜひ施設内を見せてほしいと頼んだ。

槐は茶髪にセルフレームの眼鏡をかけていて、優しそうなお兄ちゃんという感じの今風の風貌だった。女性から男性への手術を経験したFtMだ。パートナーの女性も同席してくれた。アテンド業務の見習い中だという。ソファに座る2人の距離が近く、やりとりから仲が良いのが伝わってくる。ひまわりカフェに引き続き、他人のうちに上がり込んでいるようなむずがゆさを感じた。

「レジデンス」は広めの住宅を改装したような作りで、シェアハウスかゲストハウス、あるいはペンションのような雰囲気だ。上階にベッドルームが4室あり、各部屋に小ぶりのソファやテレビなど一般的なホテルのような設備が整っているが、どこか家庭的な雰囲気も漂っている。施設の家事全般を担うタイ人女性スタッフもいて、カメラを向けると恥ずかしそうな笑顔を見せた。1階のリビングにあたる部分が宿泊者の共用スペースになっていて、ここで取材を始めることにした。まずは槐自身の手術経験から聞いていく。

アテンドなしでタイへ

「ホルモン治療は19歳ぐらいの時に始めていて、20歳の時、タイに手術に来たんですよ。僕はタイ人と日本人のハーフなんですけど、タイが性別適合手術で有名っていうのを全く知らなくて。知識はなかったんです。ニューハーフの人が多いとか、そういうのは知っていたんですけど。で、ホルモン治療が1年を経過して、手術したいという相談を（ホルモン療養をしていた病院の）看護師にした時、あなたタイ人でしょ？　性別適合手術といったらタイじゃん、みたいなこと言われて。それで教えてもらったのがヤンヒー病院でした」

これまで取材した当事者とは一風変わっていて、珍しくタイでの手術に漕ぎ着けるのに苦労した風ではない。しかも槐は3歳までバンコクやチェンライで育ったこともあってタイ語が話せた。アテンド会社は利用せず、直接ヤンヒー病院に電話で申し込みをして、乳房の切除と子宮・卵巣の摘出手術を受けた。約10年前のことだ。

「20歳だったからノリっていうか、恐怖心もあまりなかったので、タイに来てからやっと先生のカウンセリング受けて、そこ切るんだって。不思議と怖さはなかったですね。楽しみで」。

手術への心構えも、ライトな印象だ。これまでの取材経験を振り返ると、槐より10歳以上離れた年上の世代はもう少し悩みが深く、緊張感があった。性同一性障害や手術に対する感覚に、世代間のギャップも垣間見える。

その後、槐は知人が試験的に立ち上げたアテンド会社を手伝うことになり、数人の客の手術に付き添った。しかし、間もなくしてトラブルから会社が立ち行かなくなった。しばらくは日本で派遣の仕事などをしていたが、ふと思い立って母親の実家があるタイに渡った。トラブルのあとで人間不信になり、疲れていた槐は、滞在中に自分自身でアテンド業に乗り出す道を模索しはじめる。

「とりあえず気持ちを休めにいこうって感じでタイに来たんですよ。21歳になるぐらいの時ですね。今までタイには何回も来ていたんですが、お母さんと一緒だったのでタイの物価も分かんないし、何も分かんないんですよ。一応30万円を握りしめて、まあ余裕だろうと来たんですけど、ホテル代とかで結構すぐなくなっちゃって。お母さんにお金借りたりして、けっこう貧乏な生活していたんです。その時に自分でアテンド会社をやってみようかなと曖昧には考えていたんですけど、どうやって始めたら良いかも分からないし……。でもとにかく借りたお金でマンション買って、ブログを開設して手術の内容とかを書き込みました。あとは生活費が本当になかったから、こっちで作って売られている性同一性障害の人向けの乳房を平たく見せられるシャツを転売みたいな感じでネットで売り出したんです。そしたら生活はぎりぎりできるぐらいの収入が入って。ただ、余裕はなかったので、結構鬱状態になりましたね」

いわゆる「ナベシャツ」を売って食いつなぎながら、ブログではアテンド会社の「ソフィアバンコク」を名乗り、手術経験談や戸籍の性別変更の手続き方法などをコツコツと綴っていった。すると、約半年が経過した頃、ついに1件の問い合わせがあった。槐と同様に女性から男性への手術を希望する当事者だった。初めてヤンヒー病院に同行し、付き添って通訳して、無事に帰国させることができた。その客が実は当事者のあいだでは有名なブロガーで、体験談をブログで紹介してくれたことで評判が広まった。ついている。ひまわりカフェもそうだったが、インフルエンサーのような客の存在はやはり大きいようだ。

レジデンスのメリット

その後ゆるやかに客は増えていき、2010年には登記して正式にアテンド会社となった。母親がタイ人の槐はタイ国籍と同等の権利を有することから、タイでの起業のハードルは低かった。レジデンスも整備し、約10年間アテンド業を続けている。ホームページには、タレントのKABA.ちゃんのアテンド実績も掲載している。

「女性から男性への手術を受ける人には、比較的このレジデンスが向いている」と槐は言う。幼少期に女性のコミュニティで育ってきた経験が長い影響からか、ＦｔＭの人は比較的他の当事者とコミュニケーションを積極的にとる傾向があるのだという。

安易に女性らしさ、男性らしさという区分をすべきではないが、槐も含め複数のＦｔＭの人から同じ話を聞いた。レジデンスは孤独になりがちなタイ滞在中の当事者が、仲良くなるのに一役買っている。槐にとっても、退院後の検査などで通院する当事者に、効率的に付き添えたり、異常があった際に部屋にすぐ駆け付けられたりするメリットがある。

トラブル時のサポート

タイＳＲＳガイドセンターの横須賀が指摘していたのと同様に、槐もまたタイの法律を守らない違法業者について問題意識を持っていた。とくに法人登記せずに個人で斡旋している業者には嫌悪感を示した。こうした個人業者が増えたことでパイの奪い合いが起き、業界として儲かりにくくなった。ただこうした経営者としての悩ましさ以外に「客の立場」

からも不安を感じているようだった。こんな体験を話してくれた。

「男性から女性への手術を受けたお客さんだったんですけど、S字結腸っていう腸を使って膣を作る手術をした方がいました。持病もないし健康体ではあったんですけど、（手術が原因で）腸閉塞になってしまって。通常は3週間の滞在で最終検査して帰国できる。でも術後、便がでないとかでお腹が詰まっちゃって。退院してからも食事制限をしたり、病院にも相談して薬を処方してもらったり、また入院させてもらったりしたんだけど、結局どんどん悪化する一方でした。腸閉塞の手術も病院にやってもらって、結局、滞在は3ヶ月になってしまいました。滞在日数が30日を超す場合はビザの申請が必要で、その付き添いと、病院からの証明書を発行してもらうための交渉もして。なんとか面倒みてくださいっていって頼んで……」

槐はトラブル対応に追われた。最終的には無事にその客を帰国させることができた。大きな手術のため、こういったトラブルが発生するリスクは常にある。その際に、アテンド業者のタイ語能力やアテンドに対する姿勢、そしてトラブル時のサポートがしっかりしていない場合を、槐は客の立場から想像しておそろしくなった。

「個人でやってる人だと、タイ語が話せなければ交渉もできないし。安易に値段が安いか

アテンド会社情報⑤

ソフィアバンコク
(SOPHIA BANGKOK CO.,LTD.)

右が槐 佑哉

代表名	槐 佑哉
拠　点	タイ・バンコク
設　立	2010年6月
特　色	女性から男性への手術経験者が代表を勤める。代表は母がタイ人で、幼少期に在住経験がありタイ語が堪能。利用者用の宿泊施設「ソフィアレジデンス」も併設。

▼会社公式ウェブサイト

▼料金表※1

男性→女性	性器手術※2	**25万円〜**
女性→男性	乳房摘出	**15万円〜**
女性→男性 ステップ①	子宮卵巣摘出	**10万円〜**
女性→男性 ステップ②	膣閉鎖など	**要相談**
女性→男性 ステップ③	陰茎形成	**130万円〜**

※1　会社公式ウェブサイトより引用。スタンダードプランのアテンド料金のみ。手術費、渡航費、宿泊費等は別途。いずれも概算。
※2　精巣摘出、陰茎切除、造膣、陰核形成、外陰部形成など一連の手術。

らって利用する人も多いんですけど、何かあった時のことを考えるとアテンド業は慎重に選ばないと。保険みたいなものですよね」

「推し病院」はガモン

ガモン病院から徒歩5分という近距離にレジデンスがあるように、槐のソフィアバンコクはガモン病院に客を紹介することが多い。取材を進めていると、アテンド会社によって緩やかながら「推している」病院があることが分かる。

「僕は基本的にはガモン病院しか紹介はしてないですね。どうしてもヤンヒー病院希望って言われればヤンヒー病院に行きますけど。ヤンヒー病院の知名度だけで希望している人も多いんで。手術費や術後のケアなど違いを説明しています」

ヤンヒー病院がここ20年タイでの性別適合手術をリードしてきたのに対し、ガモン病院も中規模ながら対抗し、技術力を上げてきた。

槐とは違ってヤンヒー病院を推す業者もあるし、たとえばアクアビューティの坂田はヤンヒー病院との強固な関係に加え、長年ヤンヒー病院で実績を積んで独立したミラダ病院の人気医師とパイプを築いていた。ケイコさん（第1章）がミラダで手術を受けたのは坂田の勧めがあったからだ。

取材を進めるうちに、病院によって特徴が違い、医師・スタッフとアテンド業者の関係性や相性も微妙に異なることが分かってきた。アテンド業者が医師とメッセージアプリなどで気軽に連絡を取れる関係だと、融通も効きやすい。その近しい関係性はアピール材料として使われる。病院内部に食い込もうとアテンド業者同士で日々静かな競争が起きている。

ＲＩＳＥ船橋の手術まで

「A&M RISEGROUP」（以下ライズ）というアテンド会社も、取材のなかで名を耳にするようになった。別のアテンド会社からの紹介で、運営する船橋篤司《ふなはしあつし》に連絡を取ると、急なお願いだったのにＯＫをくれ、夜にもかかわらず取材に応じてくれることになった。２０１９

年9月1日夕刻、タクシーで30分ほどかけて、バンコク市内の船橋の自宅を訪ねた。

2階建の家屋が長屋のように続く一角が船橋の家だった。中に入ると、カフェ風の家具が配置されたおしゃれな空間になっていた。船橋は見るからに鍛え上げたマッチョな体で、Tシャツの袖から伸びる太い腕にはタトゥーをのぞかせている。そのイメージと室内の雰囲気が少し食い違うように思えたが、聞けばインテリアはパートナーのタイ人女性の趣味という。


43歳の船橋は頭で認識する性が男性で、出生時に割り当てられた性が女性だった。最初に手術をしたのは22年前、21歳のころだ。乳房を除去する手術だけ、先行して国内の民間病院で受けた。しかし当時の船橋は、自身を性同一性障害と認識していたわけではなく、ただ違和感から乳房を取り除きたいと思ったという。

「当時（1996~97）は今と全然違って、性同一性障害とかそういう言葉すらなかった時代だし、男性器をつくる手術とかがあるよとは聞いていても、どこでできるかとか、どれくらいかかるのかとかは全然分からない、今みたいに明確な状態ではなかったんです。陰茎形成するだけで500万くらいかかるらしいよと聞いて、当時21歳の自分からしたら、そんな大金を手術のために貯められるわけがないやと。それでとりあえず乳腺摘出手術（乳房の切除手術）だけを終えて、しばらく過ごしてきました」

インターネットとの出会い

性器の手術を検討したのはそれから約7年後の20代後半になってからだった。

「性同一性障害という言葉が出はじめて。まあこういう手術は、日本でできるというのは知っていたんですよね。タイでの手術はその時まったく知らなくて」

関西に住んでいた船橋は岡山大学病院の精神科に通い、カウンセリングを受けて、手術を受ける準備を進めていた。岡山大病院は当時、数少ない、国内で性別適合手術を実施する病院で、現在では性同一性障害などジェンダー関連の疾患の診療を広くおこなうジェンダーセンターも併設されている、先進的な病院だ。

当時付き合っていた彼女がパソコンを買って来たのが、ちょうどその頃だった。インターネットをほとんど知らなかった船橋は、彼女から検索の手ほどきを受けた。「Googleとか

Yahoo!とか開いて見せてくれて、試しにここに何か調べたいことを入れてごらんというので」。さっそく検索画面に「女性から男性の手術」と打ち込んだ。当時何よりの関心事だった。

表示されたのはアクアビューティのウェブサイトだった。性別適合手術の詳細が書いてあり、半信半疑で読み込んだ。「タイっていうと東南アジア、イコール不衛生とか、発展途上国とかっていうイメージ」だったからだ。同時に、日本の病院がなぜ上位に出てこないのか不思議に思った。自身が通っている岡山大病院の情報もなかなか見つからなかった。

「タイに行きなさい」

その後のカウンセリングで、精神科医に思い切って尋ねてみた。

「実はインターネットでタイの性別適合手術についてのサイトを見たんですけど、どうなんでしょうか」

精神科医は「具体的な手術の話については自分には答えられない」と言って、同じ病院で実際に性別適合手術を担う外科医を紹介してくれた。船橋はその外科医に迫った。

「インターネットで調べたら、日本の情報じゃなくて、タイでの手術が出てきたんです。でも、いろいろ書いてはいたけど、医療の技術は日本の方が上だと思うし、世界に評価されているのも日本の方だから、日本で受けるべきですよね、先生！」

返ってきた返事は意外なものだった。

「いや……船橋くん、タイに行けるんだったら、タイに行きなさい」

驚く船橋に医師は説明を続けた。「確かに日本の医療は素晴らしいって言われるけれど、性別適合手術に関しては別なんだよ。タイの先生が大学生レベルだとしたら、日本の手術なんてまだまだ小学生レベルと言ってもいい。それだけ、雲泥の差なんだよ」

さらに医師は、日本で手術をする場合は予約も詰まっていて1年以上待つ可能性が高く、タイであれば比較的早く受けられることも教えてくれた。当時の医師にとっても、心苦しく、悔しく感じながらの返答だったのだろう。しかし、率直な意見をもらった船橋はタイでの手術を決断することができた。礼を言って、英文の診断書を作成してもらい、アテンド会社に申し込んでタイに渡った。

船橋が、ひまわりカフェのマサヤと同時期に、アクアビューティの斡旋で手術を受けたことはすでに書いた。手術は順調に進んだものの、ヒロやマサヤと同様に、船橋も料金の割高感やサービスに対する不満を感じるようになっていった。そして、3回目の渡航では直接病院に申し込み、ひとりで受けにいくことにした。

アテンドなしの第3ステップ

アテンド料が浮いた分、料金としては納得できたが、やはり不安もあった。英語もタイ語もできなかった当時の船橋は、とりわけ難しいとされるステップ3の陰茎形成で、医師の説明もあまり理解できないまま、手術に臨むことになった。

「当時の（ヤンヒー病院の）日本語通訳のレベルっていうのも高くなかったから、結局は手術前の先生とのカウンセリングは『OK、手術できるよ』と言っているのは分かったんですよ。でも、その他どういう手術になるのか、どういうリスクがあるのか、そういう風なことは全然聞けなかった。（医師は）色々通訳さんとやりとりしているんですよね。聞きたいじゃないですか。先生何ておっしゃってるんですかって通訳さんに聞いても『大丈夫、問題ない』だけ。いいやもう、とりあえずちゃんと（陰茎が）付けばいいやと。分かりました、お願いしますって言って、幸いなんとか手術は無事に終わったんですけどね」

確かに、私がヤンヒー病院の取材をした際も、日本語通訳のレベルは高いとは言えなかった。術式など専門用語などは分からないようで、医師が話している時間と比べると、明らかに短い内容しか通訳されなかった。同行してくれていたアクアビューティのミドリさんに通訳を交代してもらえなかったら、取材が成立したかは微妙だった。

さらに船橋は術後、時折猛烈な痛みが襲うなか、約10日間ずっと寝たきりで入院することになる。看護師とも会話を交わせないし、家族や友人が見舞いに来るわけでもない。現在のようにスマートフォンやタブレット端末もなく、ただボーッとタイ語のテレビを眺めながら過ごした。そんな時にぼんやりと、自分もアテンド会社を立ち上げてみようと思い立った。

ガラケーでアテンド業

船橋はインターネットに明るいわけではなかったが、当時の携帯電話、いわゆる「ガラケー」で、ガラケー専用の簡単なウェブサイトを作成してアテンド業を始めた。予約が入れば日本から一緒に同行し、手術に付き添い、そして一緒に帰国するという完全同伴型だ。ただ、1人の客に付きっきりになるので、実質的に個人商店のような形だった。当初はそれで良かったが、その後、タイへの移住を決断する。その事情はこうだ。

「お客さんからもらった手術に関する質問をヤンヒー病院に連絡して、今度は医者の回答を待つんです。でも、そんなに国際電話なんか頻繁にできないから、メールで送って、あとは先生の回答を待つ。ただ、ご存知の通り、タイの気質でレスポンスがすごく悪いんですよ。要するに、僕がすごく長く待たされる、イコールお客さんも回答を長く待たされる。それだけでなく、お客さんからしたら、ちゃんと問い合わせをしてくれているのかというような気持ちになってしまう。すると、どれだけ自分が熱心にやっていても……。だったら、自分がタイに住んで何かあったらすぐに自分で動けるような状況のほうが、頼ってくださる方々にしたら良いんじゃないかと」

ただ、すぐに会社を立ち上げられたわけではなかった。

「日本に住んで日本で会社を作るのとはわけが違って、タイで会社をつくるにあたって、

（現地の法律上）外国人1人に対して最低でも4人タイ人を雇わないと、会社は作れない。タイに手術で3回来ているけど、「一緒に会社を作ろう、力貸してください」って（言えるような）信頼できるタイ人いますかってなったときにそれはまた違うじゃないですか。ましてや会社を立てるときに日本の規則とは違うし、色んな書類もありますよ。その書類は全部タイ語で。提示されてあること読める？って。だからしばらくは会社を持たずに、ツーリストビザですよね。それで期限が切れそうになったらカンボジアとかラオスとかに出て、またビザ取って戻ってというのを繰り返していました」

立ち上げ当初にツーリストビザで乗り切る方法はグレーではあるが、他のアテンド会社も少なからずそういった時期があったことは取材で分かっていた。そして、今でも会社を立ち上げずに個人でツーリストビザのみで事業をしている個人業者も存在するという。

船橋はその後知りあったあるタイ人女性と交際するようになり、仕事上もタッグを組むことにした。「彼女はタイ人だから（比較的簡単に）会社が作れるんじゃないかと。それで相談した結果、いいよ、協力するよ、と」。彼女の親族を社員として登録するなどして、どうにか会社を立ち上げることができた。パソコン用のウェブサイトも作って内容を充実させていった。ところが、その女性とトラブルになってしまう。

トラブルで客に迷惑を

「彼女と問題なく過ごせればそれでいいんだけどうまくいかなくて。とんでもない日々だったわけですよね。すごいお客さんに迷惑かけたこともあるし、すごい大ダメージを受けたこともあるし、もうこれだったらやってられないと。朝、お客さんの診察に付き添わないといけないというときに、意味も分からず（彼女に）喧嘩ふっかけられて、家を出してくれないんですよ。それで通りの渋滞でしょ。どんだけ急いだって無理なんですよ。時間通り間に合わないんですよ。それでお客さんにすんごい恨み買われたこともあるし……」

滞在していた客の送迎に遅刻するなど、業務にも支障が出た。そういったトラブルがインターネット上に悪評として書き込まれ、一時は客足が遠のいた。立ち上げて2年も立たないうちに、当の彼女はパソコンや鞄、衣類などすべてを持ち出していなくなってしまった。ちなみに、当時送迎に遅刻して迷惑をかけた客の1人が、現在バンコクでアテンド業を営んでいる。次に詳しく紹介するＩＳＫバンコクの矢野だ。船橋はこの出来事について

「あの時は本当に申し訳なかった。恨まれていると思う」と反省しきりだった。

その後、別のタイ人女性、モットさんと知り合い、２０１４年に再び会社を登記してアテンド業を再開させた。

モットさんは取材中に帰ってきて、挨拶をした。穏やかな笑顔で、ドラゴンフルーツを切って出してくれた。モットさんと船橋の関係は良好で、安定的に運営できているという。現在は月に４人までの予約しか受け付けず、一人ひとりに対応できる時間を確保していると説明した。

コロナ時の対応で謝罪

とはいえ緊急時には対応が重なることもある。新型コロナウイルスが大流行した時期のブログには、１日のうちに、ヤンヒー病院とガモン病院にそれぞれ入院している２人の患者を訪れたことを書いている（船橋のブログ「絆～ＫＩＺＵＮＡ～」２０２０年３月22日付の記事「Ｙ君術語６日目」）。

「大手術を終えたこの2名様を抱えている今、ブログをご覧の方の中には、《行ったり来たり慌ただしい》と感じる方もいらっしゃることと思います。当初は、こういう大手術を受ける2人が、入院が重ならないようなスケジュールを組ませて頂いておりました。（中略）Y君そしてAさんには、現状をお話させて頂き、ご理解を頂き、サポートに当たらせて頂いております」

やや過剰な説明ぶりにも思えるが、対応が荒れた時期を重く反省しているためだろうか。

手探りでアテンド業に乗り出すなかで、患者だけでなく、病院とのトラブルもあった。実は船橋の自宅は「ガモン病院」のすぐ近くにある。

船橋の現在のパートナーであるモットさんは、実はかつてガモン病院にスタッフとして勤務していた。船橋はモットさんとの関係も活かして病院と良好な関係を築き、一時はFacebookページの日本語版作成などを任されていた。しかし、その後、明確な原因は分からないなかで、その業務の発注は中止され、ガモン病院での対応も悪くなってしまったという。病院との関係も一筋縄ではいかないようだ。それで現在は主にヤンヒー病院やPAIを中心に客を紹介している。

草分け的存在のＰＡＩ

船橋の〝推し〟はＰＡＩ（プリーチャー美容機関・美容外科センター）。ＰＡＩは日本のアテンド業者との関わりは少ないが、タイでは性別適合手術の分野で有名な病院のひとつだ。

「ＰＡＩの医院長はプリーチャー先生という方で、70歳超えるくらいの方ですね。今タイで性別適合手術を手掛けている多くの医師の師匠にあたる先生といってもおかしくはないぐらいの先生です。だから今でこそヤンヒー病院やガモン病院の方が患者さんは多いかもしれないけれど、40代～60代くらいの日本人の当事者はプリーチャー先生のことをよくご存知ですね」（船橋）

タイにおける性別適合手術の草分け的存在とも言えるプリーチャー院長の後輩にあたる医師が、現在のＰＡＩで手術を担っている。ただ、船橋によればＰＡＩでは全身麻酔が必要となる手術は1日1件までと制限があり、さらに小規模のクリニックのため、手術のために大規模病院の手術室を借りている事情もあって少し手術費が割高だという。それでも

「マンツーマンでしっかり診てくれる」ことを船橋は気に入って客に紹介している。

PAIについて詳しく教えてくれた船橋に、他に現在の日本人にはあまり知られていない病院がないかも聞いてみた。すると「日本の動物病院の方が清潔だよっていうくらいのクリニックがありますよ」と教えてくれた。ある日本人客の強い希望に沿って、バンコク市内のその病院に連れて行ったという。

「動物病院の方が清潔」なクリニック

「その病院は東南アジアの患者さんが結構多いです。フィリピン人とか、マレーシア人、カンボジア人。あとは中国人、シンガポール人。値段はかなり安いです。8年前に（声を高くするために）のどの手術をしたいというニューハーフの方がいて。そこのクリニックを指名されたんですよ。でも僕、その当時知らなかったから、まずひとりで下見に行って、手術の話を聞こうと思ったんですよ。もう、日本ではまずありえないようなクリニックなんですよね。院内もがちゃがちゃで。ここで手術受けるのは嫌だな、やめさせたいなと思っ

アテンド会社情報⑥

A&M RISEGROUP

(A&M RISE Group Co.,Ltd.)

代表名	船橋篤司
拠　点	タイ・バンコク
設　立	2014年5月
特　色	女性から男性への手術経験者が運営。他のアテンド会社が少ない病院「PAI」にも紹介。丁寧なサービスをおこなうために、対応するのは月に4人までとしている。

▼会社公式ウェブサイト

▼料金表※1

男性→女性	性器手術※2	**127万円～**
女性→男性	乳房摘出	**47万円～**
女性→男性 ステップ①	子宮卵巣摘出	**43万円～**
女性→男性 ステップ②	膣閉鎖など	**74万円～**
女性→男性 ステップ③	陰茎形成	**156万円～**

※1　会社公式ウェブサイトより引用。ヤンヒー病院利用の場合。手術費の他、入院、退院後の宿泊施設滞在費、現地でのケアなどを含むパック料金。だが、航空券は別途。ウェブサイト表示の予算は目安で、為替レートなどにより変動あり。いずれも概算。

※2　精巣摘出、陰茎切除、造膣、陰核形成、外陰部形成など一連の手術。

て、事実を全部告げたんですよ。違うところがいいと思いますよって言ったら『(ある本の中に)ここのクリニックが安いって書いてあったから、どうしてもここが良い』っていうので、そこまで言うんだったら分かりましたと。サポートさせてもらったんですよね。手術が終わって3日間入院するんですが、その入院部屋がヤンヒーやガモンみたいに個室じゃなくて、大部屋がひとつぼんってある。そこにお粗末なベッドが10台くらいあって仕切りのカーテンがあるだけ。点滴の袋を掛けるのは、あの点滴の竿じゃなくて、壁に釘が打ちつけられていてそこに掛けるんですよ」

思わず身を乗り出して聞き入ってしまう話だ。

「お見舞いに行った時にびっくりしたんですよね。手術した人たちがベッドで寝転んでいるんですけど、気持ち悪くて吐いているのも全部目の当たりにしなければならない。大部屋の壁の真正面が扉で、開けたらすぐ手術室なんですよ。お見舞いしている最中にバタンって扉が開いて、手術が終わった患者さんが短いストレッチャーみたいなのに乗せられて白い目むいて運ばれてくるんですよ。そういうのを全部見ないといけない。(そのお客さんは)その時は『大丈夫、頑張ります』って言うからその日は帰りました。そしたら夜に、看護師さんが電話かけて来たんですよ。『もう、(お客さんが)泣いて泣いて泣いてどうしたらいいか分からないから話を聞いてほしい』と。それで電話代わったら、泣きまくってるんだよね。どうしたの？　痛いの？って訊いたら『もう帰りたい』と。眠たいのにテレビはついてるは、まわりは東南アジアの人ばっかりで、ガチャガチャビービーしゃべって騒いでいるし、おかしくなりそうだからここから出たいって。出さしてくださいって」

それでも病院の規則で３日間は退院できなかった。有名なヤンヒー病院やガモン病院とは違う階層の病院に関する貴重な証言だ。船橋もそれ以来、この病院にアテンドするのはやめている。

深夜のドラゴンフルーツ

ひまわりカフェの２人や船橋には、最初期のアテンド利用者視点の話も聞けた。彼らはアテンド会社という選択肢があったから比較的スピーディーに手術を受けられていたし、このサービスに高い価値を見いだしたからこそ、「より徹底したケアが自分たちならできる」という思いで、アテンド業界に参入した。

あるサービスが新しい事業者を生み、新旧世代の競争によって、サービスの質が向上していく。この好循環がアテンド業という小さい世界でもおこなわれているように見える。結果、手術を受け悩みから一定程度にせよ悩みから解放される人が出て来る。実際にそうなりつつあるし、それは喜ばしいことだ。

ただ、その好ましいサイクルが、不安定な足場の上にあるとしたらどうだろう。アテンド会社は会社といっても、それぞれの個人が数人のスタッフとやりくりしている小規模の事業者だ。特に第二世代にみられるその手作り感や家族的な雰囲気と、人生がかかった、性器にメスを入れるという手術とのあいだに、どこか心許ないもろさのようなものを感じざるを得ない。

モットさんが取材の途中で出してくれていたドラゴンフルーツを頬張り、礼を言って外に出た。すっかり夜が老けたバンコクの街は、相変わらず暑い。ドラゴンフルーツのさっぱり甘い果汁で喉を潤した。

取材に慎重なＩＳＫ

ＲＩＳＥの船橋がGrabという配車アプリで呼んでくれたタクシーに乗り、バンコク中心部に急ぐ。その日のうちに、もう一件アポイントメントを入れていた。船橋が「迷惑をかけた」と話していた元お客で、手術の後にアテンド業を営むことになるＩＳＫの矢野《やの》だ。本人の希望で姓だけなら公表していいということだった。

矢野が代表を務める「ISK BANGKOK」（以下、ＩＳＫ）自体には、リサーチ段階ではあまり関心を持っていなかった。というのも会社公式のウェブサイトが、地味なのだ。真っ白な背景。シンプルで手作り感あるページ構成。小さな写真。第一世代のウェブサイトに見られるような対外的に発信しようという積極的な姿勢が感じられなかった。あまり活動していないのかもしれない。当初はそんな印象を持った。

ただ、取材したアテンド業者に「同業者で現在も稼働していると認識している会社」を挙げてもらうと、頻繁にＩＳＫの名前が挙がった。であれば会ってみようかと、どちらかといえば消極的な姿勢で、タイ滞在中に連絡を入れた。
アポイントメントは一筋縄ではいかなかった。ウェブサイトに記載されたＬＩＮＥのＱＲコードから友達登録して取材の趣旨を記したメッセージを送ると、間もなくして返信があったのだが、その後電話で約1時間、代表の矢野と話し込むことになった。矢野は取材を受けることを前向きに検討してくれているようだったが、慎重でもあった。これまで通りの説明を繰り返した。1年前に新聞用の連載記事を配信し、現在はアテンド業者の実態という切り口から追加取材をしていて、内容を本にまとめて出版したい。矢野はやはり何か引っかかりを感じているようだった。一度会ってみて、それで取材を受けたくなくなったらいつでも中止してもらってよいという条件で折り合えた。
矢野が逡巡した理由は、インタビューするなかで明らかになっていった。

「手術を推奨しているわけではございません」

取材を前に、改めてあのシンプルなウェブサイトをチェックした。

気になる点がいくつかあった。第一に極端に宣伝が少ないことだ。トップページに太字で「３年連続　ガモン病院サポート実績№１」などとアピールする文言があったもののそれが唯一の宣伝の文言で、ほかは料金や実務上の説明に終始している。

そして、矢野の顔写真は小さく粗い。代表者やアテンドする人間の顔写真を大きく出している会社が多いから、少数派といえる。

そして、最も気になったのが、トップページ上部にある赤い文字列だった。

「※弊社は、決して手術を推奨しているわけではございません」

無理な勧誘をするつもりはないという社のスタンスは立派だ。手術は一度受けたら取り返しがつかない。だが、そもそも手術がなされないと矢野の収入にならないのではないか。

後から分かったことだが、矢野がすべて手作りで作ったサイトらしい。

聞きにくい質問から

矢野は午後10時という深夜帯にもかかわらず、時間をつくってくれた。タイ滞在日程の最後の最後、2019年9月1日。翌日には飛行機で帰国するという状況だった。バンコク市内にある24時間営業のスターバックスで待ち合わせた。

矢野は34歳。サラリーマンのクールビズスタイルでやってきた。控えめで、誠実さと繊細さを感じさせる雰囲気。性同一性障害の当事者で、FtMの手術を陰茎形成まで受けていることはISKのウェブサイトにも書いてある。

聞きにくい質問から最初に切り出した。RISEを客として利用した際のトラブルについてだ。ひまわりカフェや船橋のように、客としての不満が、この仕事を始める理由になっているかもしれないと思ったからだ。

RISEの船橋は「矢野さんは恨んでいると思う」と話していた。ところが話を振ってみると、矢野は驚いた様子で「え、恨んでないですよ」と手を振った。

「あの時は確かに、腹は立ちましたよ。でも、彼がまた同じことをしないのであればよいのかなって。やっぱり、初めて（客として）タイに来てトラブルがあると、すごく困ると思うので。自分（がアテンド）だったらあいう対応はしません。でも、今質問されるまで、そのことは忘れていたぐらいです」

矢野は少し戸惑った様子で、私もなんだか申し訳ないような気持ちになった。この件は、船橋のその後の仕事観を左右する転機になったようだったが、矢野にとっては客時代に体験した出来事のひとつに過ぎないのかもしれない。では何が矢野をアテンド業者にしたのだろう。

「こんなにやさしくしてくれてるのに」

矢野が性別適合手術を受けたのは10年あまり前、20代前半のころだ。
「アテンド会社について全然調べてなくて、ネットで見つけた石田さんって人に頼みました。決めた理由は安かったのと、最低限しか会わない形だったから。干渉されたくありませんでした」
現・G-pitの実質的な創業者・石田来《きたる》だ。矢野は石田の客でもあった。時期を確認すると、石田が、まだ井上とG-pitを立ち上げる前に試験的にアテンド業をしていた頃の客らしい。その後、別の手術で、RISEを利用した。矢野はそれほどアテンド業者を吟味することなく、最低限のサポートを受けられたらよいと考えるタイプだったらしく、

ＲＩＳＥの船橋とのトラブルを除けば、両社に強い印象は残っていなかった。

手術が終わり、日本に戻った矢野は戸籍上の性別を変えた。大手の民間企業に就職でき、同僚や先輩たちにも「男友達」のように溶け込んだ。誰も矢野が性同一性障害を抱え、法的な性別を変更したことは知らない。「できることはすべてやりきった、という感覚でした」と振り返る。

ところが、固めたかに見えた足場が揺らぐ。

同僚たちと「男同士の話」になったとき——たとえば「朝勃《あさだ》ち」に話題が及んだとき——、陰茎形成手術をしても朝勃ちすることはないが、さも経験があるかのように、話を合わせた。

強い罪悪感が矢野を襲った。

「こんなによくしてくれてるのに、こんなにやさしくしてくれてるのに、嘘をつかなきゃいけない」

よい人達なら、正直に打ち明けてもいいのではないか。そう言いそうになった。矢野は続ける。

「たとえば自分が本当のことを言ってしまったら、自分は楽になるかもしれないけど、言われた方は？　たぶん変わりなく接してはくれます。いい人たちですから。でもやっぱり、男だと思って会っていて『実はね』って言われたら、『あ、こいつ女だったんだな』って、そう見ますよ。自分が言わなければ、気を遣わせずに済む」

そもそも矢野の望みは「最初から男と同じ」と思われる状態だった。性別を変更した事実を告げて、理解した上で男として扱ってほしい、というものではない。

自分が男友達と認識している人に「実はね」と言われたら……とすぐに想像した。矢野の言うように変わりなく接しようとするだろうが、それを認識したことによって心の奥底で何かが変化する感覚はあるかもしれない。矢野の言うとおり、どこかで気を使ってしまいそうだ。返す言葉がなかった。

アテンド業を始めたワケ

矢野は２０１３年、ようやく手にした男としての安定した生活と仕事を手放して、タイに移住した。タイで法人登記をして、タイ人のスタッフを雇い、正式にアテンド会社を立ち上げた。

職場からは退職を「脱サラか」と引き留められた。それまで手術費をためるためストイックに働いていたから、社内の評価はわるくなかった。だが、このままでは自分は変われないと思い、振り切った。

矢野は法的性別を変えたあとも、自分自身が性同一性障害の当事者でありながら、彼らにかかわりを持つことを避けていた。「（性同一性障害に）自分も偏見を持っていた。一緒にされたくないと思っていました」。そして、このままではいけないと感じていた。

「自分が変わらなかったら、幸せだって感じられないんだと思いました。それまで不幸だったわけじゃないですよ。でも、心から幸せだなって思えないなって。一番関わりたくない人たち、一番関わりたくないＧＩＤ（性同一性障害）の手術と関わることが今やるべきことなのかなと」

アテンド業という仕事を選んだ最大の理由は、この仕事を通じて自分自身と向き合い、受け入れるためだという。

矢野は現在の大切なお客さんである性同一性障害の当事者を「関わりたくない人たち」と表現することに罪悪感を覚えながらも、当時の率直な気持ちとして正直に打ち明けてくれた。

「（アテンド業は）手術を最初から最後まで、自分もやってきた手術の過程をすべて見ることになるんです。10日間、2週間、長い人だと3週間、１ヶ月……ずっと一緒にいるんですよ。それを仕事とするのであれば、自分が（性同一性障害の当事者と）関わることから絶対に逃げない」

では、実際に仕事を続けるうちにどんな心境の変化があったのか。

「人として、当事者に関われるようになったと思います。以前はＧＩＤというだけで、その人の中身を見ることすらしなかった。一切の関わりを持たなかった。でも今は、たままそうだっただけ、と考えるようになりました。中身を見る前に偏見だけで避《さ》けなくなりました」

そして、彼らのために自分の知識や経験を活かしたいと考えるようになった。

「とても高額なお金を払い、すごく痛い思いをして、命をかけて大変な経験をする時間を一緒に過ごすことで、帰国して生活をしていく上で、もしも死にたくなるようなつらいことがあった時に思い出してもらえる。それくらいの信頼関係を築いていけたら嬉しいです。みんなが元気に笑顔で帰国をすること、ありがとうって言ってもらうこと、幸せだって言ってもらうことで、確実に自分は支えられています。言葉では言い表せない、大きな『何か』が生まれています」

大勢の当事者の性別適合手術をサポートすることで、客との長期の関係をいくつも結ぶうちに、性同一性障害という属性で相手をくくるのではなく、一対一の関係を結べるようになった、ということなのかもしれない。一種のセラピー体験談を聞いているようでもあった。

事業が軌道に乗るまで

矢野は、渡タイ後、すぐに会社を立ち上げている。ツーリストビザのみで仕事を始めるアテンド業者は多いが、矢野は「そんなのは不法労働じゃないですか」と、厳しい。

そもそもＩＳＫは２０１３年スタートで後発組だった。それゆえ新規参入のハードルは高く、アテンド業をスタートさせる際は周囲にも反対された。だが、矢野には頑固なところがあるのか、それらを押し切って、外国人が法人の代表を務める場合に必要な４人のタイ人の登録をして、会社を立ち上げた。

「『やる』って言って出てきちゃったから、もう逃げるわけにもいかないし、やってて苦しい状態も続いたけど、今仕事をしている通訳の子は自分を裏切らなかったんですよ。どんなにお金がなかろうが、どんなに給料が少なかろうが、裏切らないで信じてついてきてくれたんですよね」

幸運な出会いがあったようだ。この「通訳の子」とは、ガモン病院の元スタッフで、矢野は彼女を引き抜いてメーンスタッフにした。取引先からの引き抜きとなれば微妙な関係になりそうなものだがどうなのだろう。

「ガモンからしたらお客さんさえ連れてきてくれればいいわけです。その子の働き以上の働きが自分から得られれば。その結果が2年くらいで出たかな」

起業から半年ほどはほとんど客が来なかったが、徐々に増えていき、2年後には結果が出はじめ、ウェブサイトに「3年連続　ガモン病院サポート実績№1」と名乗れるまでに成長した。ガモン専門ではないが、これまで1000人ほどガモンでの手術（美容整形を含む）をコーディネートしているという。

矢野自身は、口ぶりからあまり商売上手そうには見えないが、実績は着実につくっている。その理由には第一に低価格設定が挙げられる。

低価格とカスタマイズ

「ＩＳＫ」の価格設定は業界のなかで比較してみても安い部類だ。

「パッケージ料金をやめて、全部料金を出したんです。叩かれましたけど、全部わざと出したんです。アテンドがいくら、手術がいくら、これがいくらあれがいくら……って全部敢えて出しました。やっぱりお客さんから手術がいくらか分からないというのを聞いていたので」

ＩＳＫのウェブサイトには、定番であるパッケージ料金は存在しない。各種手術や料金が明示され、「タイで手術する為の料金の目安」という見出しのすぐ下に、次のような計算式が背景色グレーの太字で示される。

《手術料金＋アテンド代＋航空券（約6万〜）＋宿泊費（約5000円×日数）＋精神科医診断書等＋お小遣い（雑費）＝総額》

さらに「1度、紙とペンを準備して、色々なプランとプランに含まれているもの、手術代・アテンド代・航空券・宿泊費を計算してみる事をオススメします」と利用者自身による計算を推奨している。パッケージ料金での表記をしている会社が多数派のなか、こんな風に顧客に自主性を求める姿勢は珍しい。

料金の明細を明らかにする手法は、矢野がISKを始める5年ほど前に、G-pitの石田と井上が考案していた。ただ、当時はそれほど需要がなく、むしろ高額なパック料金の「VIPコース」が売れ、G-pitはパッケージ路線にシフトし、現在も〝VIP人気〟が続いていることは紹介した通りだ。

それから約10年、タイの手術に関する情報が少なかった時代は過ぎ、インターネットだけでもそれなりに情報収集が可能になった。航空券やホテル予約も手軽にできる。当事者の周囲にはタイで実際に手術を受けた「先輩」も増えた。

そうした背景があって、パッケージ料金で総合的な安心感を求める従来の「お任せ型」と、必要なサービスだけを自身で取捨選択したい「自立型」、この2つの層が育ってきているのではないか。

為替や航空券の価格は日々変動するから、ISKのような「自立型」は煩雑な計算が必要になる。だから、それらが不要なパッケージ型の需要は、アクアビューティやＧ-ｐｉｔの様子を見ていると依然根強い。申し込みや宿泊施設の予約は業者に任せて、手術に集中したい「お任せ型」の気持ちはよく分かる。一方で「自立型」の客の需要に応えるために、アテンド料金の詳細をウェブサイト上で明示する業者も増えてきた。

矢野はこの明朗会計・低価格路線を標榜するが、年々上がるタイの物価は、正直痛い。

「物価がどんどん上がってきているので、うちのような安いアテンド料はちょっと厳しいんですよね。日割り計算するとめちゃくちゃ安いけど、でもお客さんからバンッて現金をもらった時に、『ああ、頑張ってちゃんと貯金したんだな』って思うと高くできなくて、今に至ります。たぶん、経営には向いてないですね」

「慣れ」を捨てるため

気になっていたウェブサイトの特徴のことも聞いておかなければいけない。

ウェブサイト上の宣伝が少なく、本人の写真も小さいのはなぜか。Ｇ-ｐｉｔの井上のように、顔を出して、さらに自身の体験を語る手法はもはやアテンド業の広報戦略の基本になっているように見える。

「仕事と考えたら、顔を出すほうがいいのは分かっています、でも、GIDの当事者として顔を出すことに抵抗がある。この仕事を恥じる気持ちはありませんが、自分には自分の生活スタイルがあるということです。隠す、隠さないではなく、わざわざ公表したくない。自分が当時者だと知ることで誰かが傷つく可能性もゼロではないのかなと。知らせる必要のない人にそうしたくないし、知らないなら知らないでいいと思います」

自分のプライベートな時間を大切にしていること、そして、カムアウトしていない知り合いへの「配慮」——日本の元同僚たちに対する言葉遣いに近かった——だという。

広報活動はほとんどしていないようだが、すでに述べた低価格設定と、利用者からの口コミや紹介で新たな客を呼び込んでいる。

「当事者の繋がりで、『(性別適合手術を)やろうと思ってる』って聞いたら、『私はここでやったよ』とか『俺はここでやったよ』って、自分がやった所を言いますよね、満足していれば」

矢野は客から感想文をもらうようにしている。宣伝に使用するためかと思ったがそうではないらしい。

「もし自分が客ならアテンド目線の体験記ってあまり信用できませんし、その時間があるなら、今いるお客様と帰国したお客様のために（時間を）使いたい。ＳＮＳが苦手なのもありますね」

では何のために書いてもらっているのか。

「お客さんにとっては初めての手術でも自分にとってはもう何人も見ていて、やっぱり慣れが出てきてしまう。感想を読むのは、お客さんが命がけであること、そしてアテンド業は常に見られている、評価されているということを思い出すためです」

もし自分が手術を受ける立場ならアテンド業者がウェブサイトに掲載する体験記を読み、参考にすると思う。だが、不器用にも思える矢野のこういうストイックさに信頼を寄せる客もいることは想像に難くない。

なぜ手術を推奨しないのか

最後に、ウェブサイトに掲載されていた

「※弊社は、決して手術を推奨しているわけではございません」

についても理由を聞いてみた。どんな意図があって、目立つところに書いているのか。

矢野は「手術をしなくてよいなら、しないに越したことはないんです」と断言した。

「お客さんをどれだけ安心させられるか、どれだけ元気な状態で日本に帰せるか、帰ってからも困ったことがあったらどれだけ助けてあげられるか……そこが仕事だと思っています」

手術を勧めないキャッチをわざわざいれているのは、あまりにも簡単に手術を決めてしまう人がいるせいもある。

「そもそも手術という行為を宣伝する意味が分からないし、その行為には恐怖すら感じます。今、手術を簡単に思う若い子たちが増えてきてるのも事実だと思うんです。本当に死ぬかもしれないし、本当にちゃんと考えて欲しい。だから軽い感じでしようとかって来た場合には、自分は断っていますね。約束守れない人も自分は断っています。じゃないと自分ら責任取れないし、面倒見切れないので」

「アテンド業者」という民間の営利事業の切り口から取材を進めていたので、宣伝をすること自体にこれまで疑問を抱いてはいなかった。たとえばＧ－ｐｉｔのYouTubeのように、宣伝・広報活動によって手術の存在を知り、悩みから救われる道を知ったという人も多いだろう。一方で、矢野の指摘はそれが「手術」という医療行為であり、リスクも伴うことを改めて思い出させる。

保険適用よりも優先すべきもの

矢野と話し込むうちに、性別適合手術の保険適用についての話題になった。２０１８年から、日本でも性別適合手術が保険適用されることになっていた（その制度の問題については第6章に譲る）。

「性別適合手術を保険適用にするのも一理あるかもしれないですけど、でも自分からしたら１００～２００万円（日本国内で性別適合手術を自由診療で執刀してもらった場合の代金、あるいはタイに渡航して手術する場合のトータル費用）で望む性が手に入るのであれば、けして高くはないと思うんですよ。生まれ持った性別を変えるほどのことだから、お金を貯めて

アテンド会社情報⑦

ISK Bangkok (ISK BANGKOK CO.,LTD.)		NO PHOTO
代表名	矢野※1	
拠　点	タイ・バンコク	
設　立	2013年10月	
特　色	後発ながら堅実な運営で存在感。手術費や宿泊費、渡航費などの合計を自ら計算するよう勧める。ガモン病院と良好な関係を築き、口コミ中心で集客している。	

▼会社公式ウェブサイト

ISK BANGKOK CO.,LTD.
病院 / 手術料金紹介
アテンド料金
ご契約方法
禁止・注意事項
ISK Bangkok
お問い合わせ
3年連続 ガモン病院 サポート実績 NO.1
株式会社ISKはGIDの治療全般・自毛植毛・整形など タイで行う治療のトータルサポートを行っております。"言葉の壁"への不安解消
はもちろん 海外での治療を安全かつ安心に皆様が長年 抱え苦しんできた様々なコンプレックスを願い続けてきた目的を達成できるよう
サポートを目指しております。実績NO.1のISKが低価格で信頼のあるサポートをお約束します。
※弊社は、決して手術を推奨しているわけではございません。
最新情報（What's New）
iskbangkok.srs@gmail.com です。
LINEの場合は、ID @ouf1184wです。
ISK Bangkok CO.,LTD
このページに「いいね！」
ISK Bangkok CO.,LTD.

▼料金表※2

男性→女性	性器手術※3	17万円
女性→男性	乳房摘出	10万円
	膣閉鎖など	20万円
	陰茎形成	

※1　姓のみ取材に対応。
※2　会社公式ウェブサイトより引用。ガモン病院利用の場合。アテンド料金のみで、手術費、渡航費、宿泊費等は別途かかる。
※3　精巣摘出、陰茎切除、造膣、陰核形成、外陰部形成など一連の手術。

いるあいだは、本当に自分にとって手術が必要なのかどうかっていうのを考える時間でもあると思うんです。いろんなことを我慢しないといけないじゃないですか。我慢してでも一生懸命お金を貯めて、何年間かかけて貯めて、こんなに我慢してまで本当に自分にとってこれ（手術）が欲しいのか……っていうのを自問自答する時間でもあると思うんです。強く変わりたいって思うことは、やっぱり家族だとか、そういう人たちに対しての意思表示だと思います。当事者の家族の多くは、できることなら健康な体に命をかけてまでメスを入れてほしくない、と考えていますから」

費用の高さが、必然的に「お金を貯める」という期間をつくり、その期間は、手術が自分に本当に必要かどうかを熟考する機会になっている、と矢野は考えている。

一方で、適用がなされたほうが、お金を貯めるのが何らかの理由で難しい人にも手術の門戸が開かれる。それに、自分の認識する性と異なる体の特徴を持つことに苦しみ、自傷行為に及ぶ人もいる。貯金する時間を自問自答する時間に充てるという発想には素直にはうなずけない。やはり保険適用は進めてほしいと思う。

ただ、周囲の家族など近しい人に努力を「見せる」行為が、彼らが当事者を受け入れるのを促進する役割を果たすのではという指摘は、経験者ならではの重さがある。

手術よりも居場所を

矢野は一息置いたあとに、手術の是非にもう一歩踏み込んだ。

「そもそも手術自体が最終的な目的ではなくて、手術をすることで幸せに生きられるようにすることが目的だと思っています。だから保険適用は本質的な話ではない。たとえば、手術に保険が適用されれば、確かに金銭的には楽になるかもしれない。じゃあ手術が終わったあとのみんなの生活ってどうするんでしょう？　仕事がなかったら、戸籍が変わっても結局、見た目でハネられることが多くあるわけで……。みんなきっと働く場所があって、自分を必要としてくれる場所があれば、おそらく自殺する人も減ると思うんですよね」

残念ながら、性別適合手術を受けたあとの当事者に順風満帆な人生が待っているとは限らない。当事者の取材を重ねるなかで、術後に一定数自殺者がいるという問題については度々話題が及んだ。取材で当事者から「手術後に連絡が取れなくなった友人・知人、いますよ」という答えが返ってきたことは一度や二度ではない。実は私も、取材をさせてもらった当事者が手術からしばらく経過してからＳＮＳに突然「死にたい」と投稿していて焦ったこともあった。

「みんな居場所がないから、話せる人がいない。お金がなければご飯も食べられないし、住む場所もないし、どんどん追い詰められていく。で、やっぱり職も限られている……ってなってくるとつらいですよね。だから保険適用より先に、性別を変更するということが特別なものとして扱われることのない社会を作ることが一番最初にすべきことだと思うんです。見た目とか性別にとらわれず、人として相手を見てあげられるような社会を」

日本で希望する性として生活しつつも、そのあとで嘘をつかなければいけない状況に耐えきれなくなり、職場という居場所を失う結果となった矢野の言葉は刺さる。

私はこれまで性別適合手術の保険適用を基本的には推進すべきとの立場の人たちと多く会ってきたこともあり、今回のような根本的な指摘をなんとか言語化して伝えようとする矢野の姿勢に、当事者の苦悩の奥の方を垣間見た気がした。

矢野とは気付けば２時間も話し込み、時計は午前０時を回っていた。矢野は、性別適合手術やアテンド業の「本当のことを伝えてほしい」と何度も言った。気持ちはよく理解できる一方で、矢野が語った内容には当事者のあいだでさえ意見が割れる部分も含まれるだけに、何を「本当のこと」と定義するかは非常に難しい。それで、安易にうなずくことはできなかったが、矢野が言葉にしてくれたことをできるだけそのまま書き起こすことで、手術を巡る当事者の複雑な感情が伝わるようにしたつもりだ。

アテンド主要7社

アクアビューティ、G-pit、ガイドセンター、ひまわりカフェ、ソフィアバンコク、RISE、ISK。タイのバンコクで事業を展開している主要アテンド会社7社について取材をおこなった。

業界の基礎を築いた第一世代からは商売っ気と戦略性を強く感じた。彼らはそれぞれのビジネス感覚で生き残ってきており、転んでもただでは起きないタフネスがある。一方で、手術を経験した当事者が中心となる第二世代はどこか家族的な雰囲気が共通していて、ビジネスという観点からはやや心許ない。ただ、当事者ならではのネットワーク、コミュニティをそれぞれに持っていて、口コミによる集客力に安定感がある。現地病院との関係性も世代間で差を感じる。第一世代が取引先として緊張感を保ちつつ営業している一方、第二世代は病院側からすれば元客ということもあって、よくも悪くも肩の力が抜けたところがある。料金設定やサービスの内容は業者ごとに特徴があり、世代別の分類は適さないだろう。また、第一世代も今や手術経験者をスタッフに迎えており、その差は見えにくくなってきている。また代表者の性別に注目すると、7社とも男性が務めており、女性の事業主はいまのところ見当たらない。いずれにしても、アクアビューティが元祖として切り拓いたこの業界が、相次ぐ新規参入による荒波を経て、現在のやや過当競争気味の業界地図に落ち着いた流れが見えてきた。

一息つきたいところだが、本書が「アテンド業者」という切り口で性別適合手術を取り上げる以上、避けて通れない人物がいる。それが「副業性転師」とでも呼ぶべき存在だ。

個人のアテンド業者にコンタクト　しかし…

「個人でアテンド業をやっている人がいる」

性別適合手術を受けた当事者や、アテンド業者から何度か〝個人業者〟の存在は聞かされていた。アテンド業者たちの話しぶりには、苦々しい響きがあった。「モグリ」と呼ぶ人もいた。特にタイで会社を設立した業者の中には、自分たちの顧客を奪って利益をあげておきながらツーリストビザで滞在し、タイで納税もしていないとみられる個人業者に対して、何かしらの違法性を問えるはずだとの主張も聞いた。

単に商売敵というだけでなく、個人の業者のなかには客に杜撰《ずさん》な対応をする人間がいるという。だとすれば、業界のイメージをいたずらに低下させている「困った」存在ということになるが、それは本当だろうか。会社を作らず、個人でアテンドをしている人物に会ってみたかった。

それともうひとつ。ツーリストビザでタイに渡航し、個人としてアテンド業をスタートさせ、のちに会社を立ち上げた者も実際は多い。軌道に乗ってから足場を固めるのは通常の流れに思えるのに、敢えて個人の業者であり続ける者がいるとしたら、なぜ会社を作らないのだろうか。そんなことも気になっていた。

伝手《つて》をたどって、１人だけ、東京で個人業者にアポイントをとることができた。

都内で飲食店を経営しているタニシ＝仮名＝という人物だ。女性から男性への性別適合手術の経験者でもある。

２０１９年春のある日、電話で連絡を取り、「性別適合手術やアテンド業者について取材している」と簡単に説明した。タニシは警戒する風でもなく、取材をするなら経営する都内の飲食店に開店時間の午前0時に来てほしいという。その時間帯なら、客がほとんどいないので話ができるらしい。

前日の午後11時45分。そのバー風の飲食店を訪れた。食べログで店名を検索しても出てこない。開店準備中の店内で話を聞けたら雑音も少なくて、取材が楽かもしれないと思って早めに来た。だが、その目論見は外れた。開店準備をしていないどころか、いざ深夜0時を回ってもタニシは現れず、扉は閉まったままだった。

周囲は飲食店が数軒立ち並ぶだけのエリアで少し寂しい。10分ほど過ぎたころ、若い男性従業員が先に到着した。「店の鍵をなくした」と言ってバタバタしている。そうこうしているうちに、中年の男女が現れた。店の客のようだ。「空いてないの？」と聞かれたので「そうみたいですね、鍵が見つからないみたいで」と店員に代わって答える。しばらく一緒に待つ。自分は何をしているのだろう。落ち着いた状況での取材は難しいかもしれない。

「代表、一緒に行ってください」

約束の時間を30分ぐらい過ぎて現れたタニシは、「いやー、すんません、従業員が鍵なくしたとか言うもんだから。本当に困っちまって」と妙に堂々とした口調で謝った。恰幅のいい「ちょい悪オヤジ」風の風貌だ。年齢は50代後半。とにかく話が聞きたい。はやる気持ちを抑えて「いえいえ、お待ちしていましたよ」と笑顔で名刺を手渡す。

タニシの名刺は経営する飲食店のものだったが、裏面にはこうあった。

「海外性別適合手術　美容整形　ダイエットホスピタル　相談承ります」

これはやはり……と身構えた。相変わらず若い従業員は店の鍵を発見できていないようなので、仕方なくとなりのスナックに入ってタニシの話を聞くことになった。店内は、先客が歌うカラオケの音が鳴り響いている。ＩＣレコーダーをなるべくタニシに近づけて置いた。

タニシは30才を過ぎたころに乳房切除の手術を大阪で受けた。その後、タイに3回渡航してヤンヒー病院で女性から男性への一連の手術を経験する。3ステップ目の陰茎形成を終えたのは2009年、40代中頃だった。

最近の傾向からすればやや遅めの手術だ。20歳くらいから新宿・歌舞伎町の「オナベバー」などで働いていたが、「若い頃は手術を受けている人なんて周囲にほとんどいなかったし、そんな手術があることを詳しく知らなかった」。芸能人や週刊誌などに載る性別適合手術を受けたとされる人物の話は耳にしていただろうが、インターネットがなかった時代、性別適合手術の具体的な情報を手に入れるのはやはり難しかったのだろう。

タイ・ヤンヒーでの手術をアテンドしたのはアクアビューティだった。サービス自体に大きな不満はなかったが、3度目の渡航の頃には、タイでの生活にも慣れてきて価格には割高感を抱いていた。タニシは漠然とだが、タイで何か商売をやりたいと思っていた。それに、「後輩」たちの存在もちらついた。

「僕はもともとオナベのお店をいろんなところでやっていて、「後輩」たちが大勢いるんです。海外に行ったことのない若い子にとって、タイは抵抗がある。『ひとりで行くのが怖いから代表、一緒に行ってください』と言われていたから、自分がエージェントになって一緒に行ってあげようと思ったんですね」。

タニシの行動は早かった。陰茎形成の手術が終わって間もなく、みずからヤンヒー病院にかけあってすぐに「エージェント」として登録された。

「患者だったので、登録は簡単でしたよ。同じホテルで知り合った、同じアクアビューティの客に「俺、アテンド業始めるから」と宣言しました」。ヤンヒー病院の近くに住んでいた日本語が話せるタイ人の友人もサポートしてくれることになった。

100万円でタニシが同行

アテンド業者になるまでの経緯は、第二世代のアテンド業者の面々と似ている。だが、日本国内ですでに自分の飲食店を経営していたタニシが、アテンド業一本に絞ることはなかった。そもそも「『後輩』たちのために」という動機でエージェント登録をしたことから分かるように、あくまで彼の顧客は知り合いの延長だ。

タニシのアテンド内容は、いっしょに日本からタイに渡航して、病院に同行し、帰国するまで常に付き添うというもの。料金はＦｔＭ手術の第１ステップの場合、手術代や現地での小遣いを含めて１００万円だという。

内容も価格帯もＧ-ｐｉｔの「ＶＩＰコース」に似ている。同様の条件なら、基本料金は１０５万５０００円。タニシの１００万円という価格自体は相場ともいえる。一方で、友達や後輩の付き添いへの謝礼が、ＶＩＰという高額コースと同じというのはやや違和感も残る。当人同士が納得しているのならそれでいいのだろうか。


タニシはもうひとつ、エージェントとして稼ぐ方法を明かした。

「僕が今やっているのは基本、「紹介」だけです。客をヤンヒー病院に紹介すれば、エージェントに、キックバックのお金が入って来るんです」

エージェントとして登録して、客を送り込むと、ヤンヒー病院から紹介料が銀行口座に振り込まれるという。手術代金の10％ほどがバックされることが多い。ここまで取材して一部のアテンド会社は受け取っているらしいと聞いていた仕組みだった。個人業者にもこのキックバックはあるらしい。最近は同行せずに手術希望者が渡航することを病院に伝えるだけの「紹介」をするという。

気になる不測の事態

気になるのは安全面と信頼性だ。アテンド会社の面々は、一部の個人業者の杜撰な対応を指摘していた。さすがに真正面から聞いて素直に答えるわけでもないだろうが、タニシはこれまで手術に付き添ったり、病院へ紹介したりした十数人について「全員手術はうまくいった」と言う。だが、他のアテンド業者、たとえばソフィアバンコクなどからは入院や滞在の期間が数ヶ月単位で大幅に延びた事例をいくつか聞いていた。もしそういう不測の事態になっていたら、個人業者で飲食店の経営もしているタニシが滞在を延長してずっと付き添えただろうか。細やかなサービスはあっただろうか。取材前のバタバタが頭をかすめる。

なぜ会社を立ち上げずに個人でやっているかについては、答えが出ていた。すでに日本での事業がある程度軌道に乗っている人物にとっては、アテンド業は時間と労力が奪われる難しい仕事だ。本腰を入れるのはリスクが高い。アクアビューティやG-pitのように日本を拠点として割り切る業態を選んだとしても、現地でアテンド業務を担える、信頼できる会社や人材を探し当て、関係を維持するのはそう簡単ではない。

タニシと親しい関係ならば、タイについてきてもらえるのはひとつのメリットとは考えられる。実際、タニシの兄貴分的な、人好きのする人物がそばにいてくれたら安心する面もあるのだろう。だが、どうしてもアテンド経験の少なさは気になるし、知り合いゆえに緊張感が欠けてしまわないだろうか。たまたまかもしれないが、タニシが遅れて到着したことがやや気にかかる。

30分ほど話し込むうちに従業員が店の鍵をようやく見つけたようで、スナックを出てタニシの店に移った。カウンターとボックス席が3つほどあるバーとスナックの中間のような店だった。夜も深まる時間帯にどんどん常連客が入ってくる。タニシも酒の注文に追われて忙しそうだ。賑やかな世界で生きてきた人だとあらためて感じる。

タニシから「性同一性障害のお客さんも結構来るから待っていたらよい」と言われたので3時間ほどビールを飲みながら待ったが、結局当事者は現れなかった。カラオケで大盛り上がりの常連客を尻目に、未明に会計をして店をあとにした。

第4章　性転師誕生前夜

性転師が生まれるまで

ここまで、タイと日本をまたにかけて性別適合手術を斡旋・仲介する性転師たちの働きぶりやその来し方を見てきた。彼らは、日本で手術が容易にできないからこそ、海外にビジネスチャンスを見出した。

では、なぜ日本での性別適合手術が困難なのか。

その経緯と理由についてはは何度かかいつまんで触れてきたが、本章ではぐっと過去にさかのぼり、順を追って経緯をみていきたい。そして「なぜ性転師という職業が生まれたのか」、資料と当事者への取材をもとに、この問いの答えも探していこう。

すこし先取りして結論をいえば、彼らは生まれざるをえなかったし、すくなくとも過渡期といえる現代においてはその需要がすぐになくなることはなさそうだ。

性転師の登場は、性転換の歴史と切っても切り離せない。「前史」を見ていこう。（ここでは日本精神神経学会が「性転換手術」から「性別適合手術」に正式な名称を改めた2002年3月よりも前の手術であれば「性転換手術」、2002年3月以降であれば「性別適合手術」と呼ぶ）

ブルーボーイ事件以前

世界で初めて性転換手術を受けたのは、1930〜31年に男性から女性への手術を受けた、デンマーク人画家のアイナー・ヴェゲネル（女性名はリリー・エルベ、1886〜93）とされている。『リリーのすべて』として2015年にその生涯が映画化もされた人物だ。

戦後の1952〜53年には、アメリカ人男性ジョージ・ジョルゲンセン（女性名はクリスチーヌ、1926〜89）の性転換が日本でも大きく話題になった。日本では初めて性転換手術を受けた人物は永井明（女性名は明子、1924〜?）で、1953年夏に「日本版クリスチーヌ」として報道された。永井は、精巣除去の手術を東京都台東区上野の竹内外科で、陰茎の除去と造膣手術を日本医科大学付属病院で、乳房の豊胸手術を別の病院で受けたとされる。[★1]この時期にすでに日本では性転換手術がおこなわれていたのは大変興味深い。

永井以降にも、手術を受けた例は報道上に多く見られ、1998年に埼玉医科大学が「ガイドライン」に則って性転換手術をおこなった頃までに、「日本にはおそらく100〜300

人の性転換者（その多くはニューハーフ世界の人たち）が存在したと推定される」★2という。

60年代にはいると、性転換した女性がショービジネスの世界に進出し、活躍する。海外からそうした女性がショー出演のために来日し、日本では銀座ローズ（武藤真理子、男性名は隆夫、1930〜?）、そしてカルーセル麻紀（平原徹男、2004年に戸籍上の性別を変更し、麻紀に。1942〜）などのスターが生まれた。

そして、ブルーボーイ事件が起きる。

ブルーボーイ事件

いわゆる「ブルーボーイ事件」から性転換手術へのタブー視が始まったという見方は、学識者や医師への取材でも共通している。ブルーボーイ事件の経緯を確認する。

・1964年、ゲイバーで働く、女性になりたいと希望する男娼の男性が、青木正雄医師の勤める病院に訪ねてきた。青木は性転換手術の内容を説明し、一晩考えて気持ちが変わらなければ手術する旨を伝え、男性が翌日もやってきたので睾丸摘出手術をおこなった。同じ年に、電話で手術を依頼された男性２人にも同様に睾丸摘出手術をおこなった。3件とも精神医学上の検査やほかの診察をおこなわず、また、本名や住所など生活環境に関係する調査確認はしていなかった。

・１９６５年、警察は優生保護法違反と麻薬取締法違反でこの医師を逮捕する。優生保護法の容疑事実は「故なく生殖を不能にすることを目的として、手術、またレントゲンの照射を行ってはならない」とする同法28条の条文に違反しているというもの。生殖が不能となってしまう睾丸摘出手術をおこなったことをとらえた摘発だった。なお、麻薬取締法違反は、青木の小学校の同級生に医療用麻薬をわたしていた容疑で、手術とは無関係の事件である。

★１　三橋順子「「性転換」の社会史（１）――日本における「性転換」概念の形成とその実態、１９５０～６０年代を中心に――」（矢島正見編著『戦後日本女装・同性愛研究』所収）４０５頁
★２　三橋順子「「性転換」の社会史（２）――「性転換」のアンダーグラウンド化と報道、１９７０～９０年代を中心に――」（矢島正見編著『戦後日本女装・同性愛研究』所収）４６７頁

・1969年2月、東京地方裁判所で有罪判決（懲役2年、罰金40万円、執行猶予3年）が下され、1970年11月に東京高等裁判所が控訴を棄却し、刑が確定する。

判決自体は、性別適合手術を全面的に違法とするものではなく、手術を実施する前の手続きが不十分だったため、「正当な医療行為として容認できない」としたものだった。[★3] しかし判決が確定したこと、そしてちょうどその頃に別の男娼がらみの詐欺事件が検挙されたこともあって、「性転換＝違法行為」というイメージが報道によって拡散されてしまう。医療界もこのイメージを受け入れてしまい、性別適合手術はアンダーグラウンドなものになっていく。この後、埼玉医大が手術をおこなうまでの約30年間、国内での性別適合手術にはイリーガルな印象がつきまとった。

手術の舞台が海外へ

ブルーボーイ事件以降、国内での手術がおおっぴらにはできなくなり、海外で性転換手術を受ける例が報じられるようになっていく。芸能活動をしていたカルーセル麻紀が1973年、モロッコで性転換手術を受けたことが話題になった。モロッコに代わって1970年代に増えてくるのがシンガポールで、95年頃からはタイが主流になるとされる。タイのヤンヒー国際病院などの民間医療機関が医療ツーリズムに力を入れはじめるのが、アジア通貨危機後の97年以降だった。女性から男性への手術を受けた虎井まさ衛などアメリカで手術する例もあったが、日本人の経験者は少ない。また、タイと重なる時期に台湾でも盛んだったが積極的に外国人を受け入れてはいなかった（それでも伝手をたどって台湾に手術を受けに行った日本人はいた）。

おそらくこの時代から海外渡航をともなう性転換手術を仲介する仕事は存在したと考えるのが自然だろう。専業とした人物もいたかもしれない。ただ、業界の大きさでいえば、おそらく現在が最盛期ではないだろうか。ショービジネスの世界に近い者や手術を経験した知り合いのいる者しか得られなかった知識が、いまは「ググれば」出てくるのだから。

★3　以下ブルーボーイ事件の判決文の抜粋。「被告人が本件手術に際し、より慎重に医学の他の分野からの検討をも受けるなどして厳格な手続きを進めていたとすれば、これを正当な医療行為と見うる余地があったかもしれないが、格別差迫った緊急の必要もないのに右の如く自己の判断のみに基づいて、依頼されるや十分な検査、調査もしないで手術を行ったことはなんとしても軽率の誹りを免れないのであって、現在の医学常識から見てこれを正当な医療行為として容認することはできないものというべきである」

「正当な医師で初」の手術

1998年10月16日。

出生時に男性と判断されながら、女性の性自認を持つ性同一性障害の当事者に対する性転換手術が、埼玉医大総合医療センターで原科《はらしな》孝雄医師らの手によって実施された。これは、97年に発表された「性同一性障害の治療に関する診断と治療のガイドライン」に則って行われた、国内初の手術だった。共同通信は配信した記事に「正当な医療で初」と見出しを付けている。

原科は、マイクロサージャリー（微小外科）という細かい血管や神経をつなげることによって皮膚を他の部分に移植する技術をもつ形成外科医で、1987年からは同総合医療センターに在籍していた。

1992年、ある女性が原科のもとを訪ねた。原科が交通事故で陰茎を損傷したトラック運転手の男性にペニスの再建手術をおこなったことを伝える週刊誌記事を読んだ女性は、「女性」から「男性」への性の転換を希望していた。原科はこの女性との出会いをきっかけに、性転換手術の公式的な実施を決心する。

原科は、１９８９年にアメリカで手術を受け女性から男性へ性転換したことを公表した虎井まさ衛ら性同一性障害を抱える人に話を聞いたり、海外の関連学会に出席したりして理解を深めていく。

95年2月頃、原科は埼玉医大の倫理委員会に、相談を受けた女性と、もう１人の性同一性障害当事者計２人に対する性別適合手術の許可を求める決心を固めた。全国の医療系の大学には倫理委員会があり、これは新しい医療行為や研究的試みをする場合は、倫理上それが許されるのか、どのような手続きを踏まなければならないのかを審議し、判断する。原科はこう述べた。「これから性転換手術をするための準備を進めていきたい。医師免許を剥奪されたり、警察に捕まることがあるかもしれない。が、自分の医師生命をかける最後の仕事だとおもう」[★4]。

95年7月、原科が主任研究者として同大倫理委員会に「性転換治療の臨床的研究」と題した申請をおこなった。「概要」は次のようなものだ。

性転換治療は本邦では全くタブー視されている問題である。これらの患者は肉体の性と、頭脳の中のそれとの相違に苦しみ、自殺にまで追いやられる場合もある。そして闇で行われる手術を受けたり、海外での治療を求めるなど、暗黒時代とも言える状況にある。諸外国、特に欧米諸国ではこの治療が合法化され、健康保険の対象にさえなっている国もある。この治療を医学的に系統づけ、これらの患者の福祉に役立つことを目的に女性ー男性の性転換を行う[★5]

「ガイドライン」の発表

手術の倫理的是非を検討することになった埼玉医大倫理委員会は、原科の訴えに当初は戸惑っていたものの、文献を読み審議を重ねるうちに関心が高まり熱がこもってきたという。

申請から1年3ヵ月後の、96年10月、委員会は答申を発表する。その内容は、性同一性障害を疾病と位置づけ、外科的な処置も含めた医療行為の対象であるとするものだった。これで倫理の問題はクリアされた。ただし、手術には学会や専門家集による診断基準の明確化と治療に関するガイドラインの策定などが条件とされた。[★6]

埼玉医大の決定と厚生労働省からの後押しもあり、日本精神神経学会が、埼玉医大・倫理委員会の委員長だった山内俊雄を、「性同一性障害に関する特別委員会」の委員長に置き、1997年5月に「性同一性障害に関する答申と提言」を作成・発表した。これが「性同一性障害の診断と治療のガイドライン」の初版にあたる（現在は4版まで改定）。98年10月、埼玉医大総合医療センターでガイドラインに沿った日本初の性転換手術がおこなわれた。原科の手術は成功し、この後、男性から女性への性転換を希望する当事者の手術もおこなわれた。この一連の動きは大々的に報道された。

埼玉医大・原科の手術をきっかけに、ガイドラインに則って性同一性障害の当事者に対して診療を行う、いわゆる「GID医療」に取り組む医療機関は増えていく。カウンセリ

★4　外山ひとみ「現代の肖像」『AERA』2006年10月16日号
★5　山内俊雄『性転換手術は許されるのか　性同一性障害と性のあり方』194頁
★6　埼玉医科大学倫理委員会「性転換治療の臨床的研究」に関する審議経過と答申」（山内俊雄『性転換手術は許されるのか　性同一性障害と性のあり方』204頁）

ングをおこなう精神科も増加し、岡山大学病院など複数の医療機関は性転換手術を手がけることになる（こうした病院に行くことは、当事者に「正規ルート」と呼ばれる）、こうして日本国内における性転換手術のアンダーグラウンド状態はようやく解消される。

ブルーボーイ事件で約30年ほど止まってしまった時計の針を、原科の決断は動かしたことになる。２００４年に性別変更の条件や手続きを定めた「性同一性障害者特例法」の中で、性別適合手術を前提とした表記があることから、それをもって法的に認められた根拠とされることが多い。[★7]

日本国内における性転換手術ができるようになれば、タイも含めた海外での手術は必要なくなるかに思える。だが、そうはならなかった。公的医療における30年分の「遅れ」は、大きかった。

合併症の頻発

埼玉医大では、98年に初めての公的な性転換手術をしてから2007年5月まで延べ357人が性別適合手術を受けた。その6割は乳房摘出手術で、陰茎形成の手術は21件実施している。[★8] この期間に重なる2003年10月〜05年12月までこの埼玉医大に勤務し、原科のもとでも働いた、山口悟《やまぐちさとる》医師に当時の様子を聞くことができた。山口は現在は「ナグモクリニック名古屋」院長で、第一線で性別適合手術をおこなっており、現役の医師であり、長年にわたって性別適合手術をめぐる状況を現場で見てきた人物でもある。

山口は前提として、原科と埼玉医大の決定を「倫理的な課題をクリアして、市民権を得るような段取りをしたところは評価できる」と前置きをした上で、当時現場で働いていた医師としての実感をこう語る。

「(当時の) 医療レベルは高いわけではなかった。合併症が多かったんですよ。僕も苦しみました。目の前で3000ccも出血する。人間の (全身に流れている血の) 5分の3です

★7　「性同一性障害者の性別の取扱いの特例に関する法律」第三条より引用
四　生殖腺がないこと又は生殖腺の機能を永続的に欠く状態にあること。
五　その身体について他の性別に係る身体の性器に係る部分に近似する外観を備えていること。
★8　朝日新聞、2007年5月13日朝刊「性転換、中核病院が中止　埼玉医大、担当医が定年で」

よ。そしたら全部大量輸血しないといけない」

実際の医療現場では経験がものをいう。公式で約30年の「ブランク」があった日本では、性別適合手術に関する医療の経験や知識は乏しかった。医師たちは試行錯誤したものの、合併症を発症する事例が多くでたという。

突然の休止

さらに、山口によれば「金銭面での詰め」にも不備があった。治療費の問題だ。性別適合手術は当時保険適用外。患者の全額負担となるため、数十万~数百万の費用が必要で、埼玉医大で最初に手術を受けた女性の手術費は約500万円と報じられている。[★9]

しかも当時の埼玉医大では、修正などの再手術を必要とする人が多く出た。

民間病院が自由診療で医療行為をおこなう場合、病院側は最初にまとまった手術費用を受け取り、追加手術が必要になっても無料で対応するという方法がとれる。だが、当時の埼玉医大はそうしたやり方をとらず、追加手術分の手術費や入院費を請求する仕組みになっていた。すると患者側は余計な追加費用がかかっていると感じる。そのため、患者側から支払いをめぐって不満が続出していたという。原科は大学の医事科にかけあい、患者の追加費用の経済的負担を減らすべく交渉していた。一方で医事科にとっては、そう簡単に受け入れられない要求と映ったことは想像に難くない。

そんな問題を抱えながら、原科は２００７年4月末に退職する。それと同時に、埼玉医大はジェンダークリニックの休止を発表した。この突然の発表で、予約待ちをしていた30人以上がキャンセルとなってしまう。

当時の埼玉医大は休止の理由について、原科が退職し、チーム医療態勢が取れなくなったことをあげ、山内俊雄学長は、「手術には熟練した医師が複数必要で、スタッフに経験を積ませてきたが、中心メンバーが体調を崩すなど継承できなかった」[★10]などと説明している。一方、原科は当時の共同通信の取材に対し、定年後も特任教授として治療を続ける約束が大学側とあったことを明かした上で「3月末にほごにされた」[★11]と答えている。

★9　共同通信、１９９８年10月16日配信「埼玉医大で性転換手術　正当な医療では国内初　30歳女性を男性へ　性同一性障害の治療」

★10　朝日新聞、２００７年5月13日朝刊「性転換、中核病院が中止　埼玉医大、担当医が定年で」

「持ちかけた匙を投げる」理由

埼玉医大では原科の退官を境に性別適合手術は下火となる。岡山大など複数の大学病院が性別適合手術の診療と治療に取り組みはじめていたが、山口によると始めても長く継続せず、「持ちかけた匙《さじ》を投げる」例が続いた。結果、当事者が国内の病院で手術を予約しようとしても約1年先まで予約がとれない事態が起きている。

タイの医師は日本が足踏みしているあいだに執刀数を重ねて技術的に高い水準に達している。海外ゆえの言語の問題や帰国後のケアはアテンド業者がカバーすることになっている。

これでは日本で大学病院の「公式」な手術が始まってもなお、アテンド業が生き延びているのは当然の成り行きともいえる。

山口は日本国内で性別適合手術に取り組む医師や病院がなかなか増えない状況について、各病院の取り組みが属人的であることを理由に挙げる。「前任がやっていたからといって、引き継がないことが多い。教授の好みの問題（になっている）」と話す。形成外科の教授が交代すると、新たに着任した教授の性別適合手術への関心が低ければ、その病院で手術が取り扱われなくなってしまうという。

また、大学病院側が性同一性障害を持つ人々と付き合うことに難しさを感じ、恐れていることを理由に挙げた。埼玉医大で再手術の追加料金を巡って問題が起きたのはその一例だ。トラブルや訴訟に発展しやすく、また、インターネットを介して治療への不満を発信しやすくなったこともあり、病院側は性同一性障害の治療にしり込みしているのだという。

「医師側からしたら手術の際に一定の比率で起こる『合併症』が発症したのに、患者側に『手術失敗』という言葉を使われてしまうことがあった。そのことで（訴訟やインターネットなどで）批判に晒されてしまって。そういうのをみていた他の医者が、尻込みしたと。やりたくないよってなってしまった」

そうした例はあくまでも一部であっただろうし、性同一性障害の当事者のために手術を推進しようとした医療者も多かった。ただ、病院という組織の合意形成は簡単ではないようだ。

★11　共同通信、２００７年５月13日配信「埼玉医大が性転換手術中止　教授定年、30人キャンセル」

「たとえば（当事者が）看護師長と喧嘩したりすると、師長がもう性別適合手術はやりませんと（主張する例があった）。病院というのは医者とコワーカーとその他いろんな人たちがいる総合体だから。（性同一性障害の患者と）トラブルになった病院が山ほどあるし、僕もたくさん患者を預かったけど、怒鳴り込まれたこともある」。

この山口の肉声は長く性同一性障害医療に携わる者としての実感であることと、当事者と病院のあいだのコミュニケーションがうまくいかず、医療現場で性同一性障害の診療が進まないケースがあったことを示すものとして敢えて記した。

90年代から現代まで、埼玉医大で始まった「正規ルート」の実態について駆け足で説明してきた。次は、同じく90年代から現代までつながる国内の個人クリニック――つまり「ヤミ」「非正規ルート」における手術事情を追ってみよう。

「ヤミ」の和田医師

１９９８年の埼玉医大での初の公的な性転換手術以降、ガイドラインに則った精神科のカウンセリングや大学病院などで受ける公式な手術を当事者たちは「正規ルート」と呼び、これに対して、従来の、国内のクリニックでの手術は「ヤミ手術」あるいは単に「ヤミ」と呼ばれる。タイのような海外の病院での手術も後者の「ヤミ」に分類される。

「ヤミ」の歴史は長い。正式医療がブルーボーイ事件以降の約30年間進んでいなかったのに対して、ずっとおこなわれてきたからだ。ただし具体的な情報は得られていない。取材先から、広島や徳島、京都に闇で手術を行う医師がいた、と伝え聞いたが取材はできなかった。三橋順子の調査によれば、国内で手術を受けたとしても当時「国内は違法」という認識があったため、国外で手術を受ける人の多かったシンガポールで手術をしたと「偽装」することが一般的だったという[★12]。

ヤミの中でも目立っている、というとおかしいが、有名なヤミ医者がいた。

大阪市北区にあった「わだ形成クリニック」の和田耕治だ。和田は男性から女性への手術を得意とし、大阪のニューハーフや性同一性障害の当事者のあいだでは名の知られた医

★12　三橋順子「「性転換」の社会史（2）——「性転換」のアンダーグラウンド化と報道、1970～90年代を中心に——」（矢島正見編著『戦後日本女装・同性愛研究』所収）459頁

師だった（98年以降女性から男性への手術もおこなったらしい）。

和田は2007年にこの世を去っているが、ブログを残しており、「ヤミ」の一端をうかがいしれる。和田の元妻で、和田のブログやメール、メモからその過去をまとめた『ペニスカッター』の著者の深町公美子に取材した。

「キンタマをとってほしい」

和田は1953年、宮崎県延岡市に生まれた。群馬大医学部に進学。卒業後は東京逓信病院を経て「日本の形成外科のパイオニア」である東京警察病院で勤務し、この分野にやりがいを感じ、形成外科医の道を進んだ。その後、大手の美容整形外科のクリニックに移り、1992年には大阪にあるクリニックの分院の院長を任されることになった。

それまでは通常の形成外科の業務をこなし、性同一性障害や性転換手術への関心はなかった。だが、この大阪への転居が人生の転機になる。93年に気晴らしで出入りしていた大阪・ミナミのニューハーフショーのパブで、働いていたAさんに、「キンタマをとってほしい」と性転換手術を頼まれたのだ。何度も頼まれるうちに心を動かされ、除睾手術を引き受ける。事前に手術の事例やハリー・ベンジャミンの著書、ブルーボーイ事件の裁判記録を読むなど研究した。初めておこなう除睾手術だったが、これを成功させる。その後、造膣の手術も頼まれ、やはり海外事例を参照したり、形成外科医の先輩などに相談したりして入念な準備を重ね、1994年に造膣の性転換手術も成功させた。

原科が埼玉医大の倫理委員会に手術を申し出たのが95年だから、当時はまだブルーボーイ事件から続く性転換手術タブーの時代だった。和田も当然それは承知していた。それでも手術に踏み切った理由を次のように書いている。

「医療は誰のためのものでしょうか？　極論を言えば、私は患者一人ひとりの苦しみからの救済、手助けのためにあるのであって、国や法律や宗教などは一切関係ないと思っています。たとえ違法だろうが、患者は苦しみから救われる権利を人として当然有しており、誰かに不当な迷惑をかけるわけでもない限り、医師は患者に救いの手を差し伸べるべきだと思います。法律や社会が許さないといっても、そんなものは無視してよい・たとえ罰せられても医師として覚悟の上だ・国や法律ができる前から医療は存在してるんだというのが私の信念です。[13]」

「たとえ罰せられても」の姿勢は埼玉医大の原科の医局会での言葉「医師免許を剥奪されたり、警察に捕まることがあるかもしれない」に重なる。性転換手術＝違法のイメージがいかにして流布していたかが分かる。

Ａさんへの手術後、和田は性転換手術に理解のある医師として、口コミでその名が広まっていくことになる。客はほとんどがＭｔＦだった。宣伝はしなかったが、つねに予約はいっぱいだったという。

１９９６年には、大阪市北区堂島の雑居ビルの一室に、自身のクリニック「わだ形成クリニック」を開業する。ここでも連日予約が埋まり、朝方まで手術をしていたこともあった。

膣を形成する造膣手術の後には通常、ダイレーターと呼ばれる棒状の器具を造った膣に差し込んで、塞がれないように患者自身がケアする必要がある。この器具は当時日本では入手が難しく、和田はシリコン製のダイレーターを独自に開発して配っていたらしい。タイを含む海外で手術を受けた患者の「修正」手術をすることもあった。

医療事故

和田の来歴を振り返る上で、医療事故に触れないわけにはいかない。

「わだ形成クリニック」が軌道に乗りはじめた１９９６年、和田が豊胸手術を実施したあとの患者が意識障害に陥った。一時は心肺停止となり、一命はとりとめたものの意識レベルが十分に回復しなかった。原因は手術後に点滴に入れた鎮痛剤の副作用とみられ、さらに発見が遅れたことも本人が告白している。少し長いが引用する。

「私と助手を務めていたナースは夕食の弁当を手術室から10ｍも離れてないナース控え室で食べてました。２人のスタッフが手術室に残ってまだ朦朧としている患者さんをみており、患者さんには当然まだモニターが付けられてました。もう少し意識がはっ

★13　和田耕治医師によるブログ「性転換手術・美容外科医のBlog」、2006年5月26日更新「性転換美容整形へ全力投球（1）」

きりしてから隣の安静室に皆で移動させるつもりでした。私が弁当を食べ終わる頃、手術室にいた2人のスタッフがナース控え室に戻ってきました。私は〝あれ？　今患者さんは手術室に1人だな〟と気になりましたが、モニターがつけられているので、異常があればアラームが鳴るから大丈夫かと思いました。

実は普段の私ならそういう状況なら常に直接患者さんの傍に行って容態を自ら観察し確認します。ところがこの日だけは連日の出張と激務の重なりで疲労が極限状態で、少しの時間ならこのままでいいかと腰が重くなっていたのです。しばらくして患者さんを安静室に移動させようと全員で手術室に戻ったら、心肺停止状態になっていました。詳しい状況の説明は言い訳がましいので省きますが、実は血中酸素モニターが外れており、呼吸抑制が生じてもアラームが鳴らない状態になっていたのです。[★14]」


生々しい記録だ。術後まだ意識がはっきりせず、容態を確認しておくべきだったのにそれを怠り、異常の発見が遅れた。多忙から来る疲労があったことも認めている。この患者の意識障害はその後も回復せず、和田は過失を認め、家族に賠償金を支払った。

その後も手術希望者は絶えなかったが、事故から6年後の2002年2月、女性への性転換手術を受けた35歳の男性が、搬送先の別の病院で死亡する。和田は任意聴取に手術との因果関係を否定。ただ、マスコミ各社は死亡事故として一斉に報じた。また、同年の1月にはあごの骨を削る美容整形手術を受けた女性も死亡していた（女性の遺族と示談が成立）。

業務上過失致死容疑で書類送検

2005年7月、性別適合手術後に男性が死亡した02年の事故について、業務上過失致死容疑で和田は大阪地検に書類送検される。当時の記事を引用する。

「（被害者の）男性は性同一性障害に悩み、女性への性転換を希望。手術は〇二年二月二十五日夜に行われたが、基準量を超える麻酔剤を投与されたため呼吸が抑制される副作用が現れた。和田院長は、すぐに人工呼吸などの適切な呼吸管理をせずに手術を続行。終了時には肺水腫の症状が現れ、救急医療機関に転送すべきだったのに漫然と人工呼吸などを繰

★14　和田耕治医師によるブログ「性転換手術・美容外科医のBlog」、2006年5月24日更新「激務の開業――最初の事故（2）」

り返し、翌二十六日朝、転送先の病院で呼吸不全で死亡させた疑い[15]」

和田は男性の死亡後、大阪府警の事情聴取に積極的に協力した。というのも、死亡した男性にした手術を和田は頻繁におこなっており、事故原因には強い関心を持っていたからだ。事故のあった月の翌月、天満警察署に提出した意見書の中に次のような記述がある。

検視等の原因調査の中で何か死因と結びつくような事実が判明すれば私にとってもありがたいと思っています。そうでなければ今回のこのような事故は私にとって普段よく行っているあらゆる手術、あらゆる麻酔で、起こる可能性があり、今後絶対的に事故の発生を防いで、手術を行っていくことは不可能だということになってしまうからです[16]。

しかし、和田には何の情報も提供されなかった。大阪府警にかぎらず当局サイドが容疑者に情報を進んで渡すことはまずない。そして書類送検から8ヶ月後、大阪地検は和田を起訴猶予処分とした。事件としてはこれで終結したが、和田には警察・司法への強い不信感が残ったようだ。

和田の死、患者はどこへ

和田は2007年5月に、わだ形成クリニックの診察室で死亡しているのが見つかった。53歳という若さだった。亡くなったあと当事者からの手紙が多く届いたという。

和田の仕事を評価するのは難しい。たとえば、1件目の事故では、オーバーワークする傾向が認められる。働きすぎてミスが起きては本末転倒だ。

だが、多くの当事者を和田が助けたのも事実だ。深町によれば、施術した性別適合手術は600例を超える。死後にも多くの手紙が和田の元へ届いている。手紙の一部を見せてもらったが、恩人である和田を失った喪失感が伝わってきた。

取材中、「できれば和田に手術してもらいたかった」という当事者に複数人会った。そのうちの多くがタイに手術を受けに行っている。和田が生きていれば、この業界の〝地図〟

★15　共同通信、2005年7月1日配信「性転換手術ミスで書類送検　執刀の院長、業過致死容疑」
★16　和田耕治、深町公美子『ペニスカッター　性同一性障害を救った医師の物語』146頁はまた違ったものになっていただろう。

「2007年」とアテンド業の発展

埼玉医大から始まる公式的な手術と、和田に代表されるようなヤミの手術の両面を取り上げてきた。

埼玉医大で原科が退官し、その後手術は取りやめになって、予約がキャンセルになったのが2007年。そして、ヤミの和田が亡くなったのも2007年である。

ナグモクリニックの山口医師は、「表も裏もなくなってしまった年」と表現した。文字通り、日本の手術希望者にとっては、ただでさえ狭かった性別適合手術の道が「表」の原科の退官と、さらに「裏」の和田の死によって細くなったからだ。

ところが、日本では2004年に性同一性障害特例法が施行されていた。この特例法によって、性別適合手術を受けるなど一定の要件を満たせば、戸籍上の性別を変更できるようになり、性別適合手術への需要自体は増していた。だが、日本で手術をできる医療機関はこのように2007年に減ってしまっている。

そうなると、当事者たちの足が向いたのは、医療ツーリズム政策によって外国人を積極的に受け入れはじめていたタイだった。この流れのなかで「アテンド業」が増加・発展していく。アクアビューティの坂田が少し早い2002年に本格的にアテンド業を始めており、国内で「表も裏もなくなった」2007年ごろにはタイSRSガイドセンターやG-pitの前身も加わってそれぞれの事業を拡大させた。そして、その流れに乗るように、アテンド会社を通じて実際に手術を受けた当事者が、自らアテンド業に乗り出して業界が発展した現状はすでに紹介した通りだ。

ここまで性転換手術（性別適合手術）をめぐる日本国内の変化をたどった。

ブルーボーイ事件で国内での手術がアンダーグラウンド化→埼玉医大の取り組みを契機に性別適合手術のガイドラインができる→国内に「正規ルート」が登場するも、原科医師の退官もあり、十分な医療環境には至らず。同時期に「ヤミ」の和田医師が亡くなる→手術希望者がタイに流れる……という現状の流れがくっきりと見えてきた。

第5章では、タイ側の性転換事情を見てみよう。なぜタイは性転換技術が高いのか、そして、アテンド業者たちはなぜタイを居場所と決めたのか。

第5章　タイと性転師

タイ・アテンド業の発展

2007年を境に、埼玉医科大学の原科医師が退官し、ヤミ手術の和田医師も亡くなり、その前後にアクアビューティやSRSガイドセンター、G-pitsら「第一世代」がアテンド業に乗り出したこともあり、手術希望者がタイに流れた……という近年の現状の流れは掴めてきた。その後、第二世代の業者も現れ、タイはいよいよ「供給地」化する。一時は増えた悪質な業者も口コミや業界内の競争を経てある程度淘汰されたとみられ、「タイルート」は安定期に入っている。そこであらためてタイでアテンド業が発展した理由と背景、そしてこの現状への課題を考えてみたい。

なぜタイは「性転換先進国」なのか

そもそもタイが性転換における世界的な先進国のひとつになったのはなぜか。第1章でもふれたがあらためて振り返ろう。

97年のアジア通貨危機で不況に陥ったタイは今や多様な観光資源と高いホスピタリティを背景に世界的に魅力ある国のひとつとなっている。マスターカードが２０１９年９月に発表した２０１８年版「世界渡航先ランキング」では、バンコクへの渡航者が２２７８万人で1位だった。[★1] こうした基盤の上に安価な医療費を特徴としてメディカルツーリズム大国のひとつにも数えられるようになっており、さらには性別適合手術の分野における技術の蓄積もあったという事情が重なる。

タイでは１９７５年にプリーチャー・ティウトラノン医師らによって初めて性転換手術がおこなわれ、１９８３年にはチュラロンコン大学で性転換の技術が教えられるようになった。２０００年前後までは日本における「ヤミ手術」と同じように隠れて実施されることが多く、また手術後のトラブルも多発していた。性転換を望むタイ人のうち裕福な人々はヨーロッパで手術を受け、貧しい人は手術を受けられなかったという。そのような状況でヤンヒー病院など民間病院は性転換の専門科を90年代末につくり、海外で技術を学んだ

★1　出典はGlobal Destination Cities Index 2019｜https://newsroom.mastercard.com/wp-content/uploads/2019/09/GDCI-Global-Report-FINAL1.pdf

医師たちを集め、オープンな宣伝をしてタイ人に比較的安価な料金で手術をおこなった。手術失敗時の金銭的な補償を約束したことで人気に火が付き、数をこなすうちに技術が向上。有名人の手術を手がけて知名度を上げ、外国人も受け入れたことで世界的なビジネスに成長してきた。90年~00年代に外国人患者が急激に増え、2010~12年における民間病院でMtFの手術を受けた患者の9割が外国人だったという。[★2]

アクアビューティの坂田がタイで2000年に「ヤンヒー」の名を知った背景には、こうしたタイ側の動きがあった。

日本とタイの相性

当事者が性別適合手術を受けた国・病院に関するオフィシャルな統計はないが、はりまメンタルクリニックの戸籍変更診断書の統計(268~269頁に掲載)は参考になる。戸籍上の性別の変更者数(2017年は903人)と合わせて考えると、タイで手術を受ける人は5割を超えていると推測される。

背景としてタイがすでに書いたように世界的に性別適合手術の盛んな国ということがまず挙げられるが、日本とタイの「蜜月」には、さらにいくつかの要因が考えられる。

たとえば地理的な要因である。飛行機で6時間ほどのフライトで降り立つことができ、ヨーロッパやアメリカに行くよりは気軽だ。直行便も多く、最近ならＬＣＣで安ければ東京－大阪間を新幹線で往復するよりも安い運賃で渡航できる。

さらに世界屈指の観光地でもあり、日本人にとっても「ほほえみの国」への心理的ハードルは低い。在留邦人数は７万５６４７人を数え、米国、中国、オーストラリアに次ぐ堂々の第４位（平成30年10月1日現在）[★3]。政治的にはクーデターが多く、事実上の軍政が続くタイの内政が安定しているとは言いにくいが、日本との2国間に限って見れば目立った問題は見当たらない。

また、タイの気風やＬＧＢＴをめぐる環境も影響しているのではないだろうか。この気風や環境を証明する説得力のあるデータは見つけられなかったので、自身の体験や取材で

★2　出典はPrayuth Chokrungvaranont, Gennaro Selvaggi, Sirachai Jindarak, Apichai Angspatt, Pornthep Pungrasmi, Poonpismai Suwajo, Preecha Tiewtranon, 2014, *The Development of Sex Reassignment Surgery in Thailand: A Social Perspective*｜https://www.ncbi.nlm.nih.gov/pmc/articles/PMC3977439/

★3　外務省　海外在留邦人数調査統計　統計表一覧｜https://www.mofa.go.jp/mofaj/toko/page22_000043.html

得た声を交えながら考えてみる。

バンコクの居心地の良さ

筆者は、2018年・2019年と2回、今回の取材を目的にタイ・バンコクを訪れた。いわゆる〝東南アジアらしさ〟を感じられる土地だった。中心街は排ガスに下水の混じったような臭いがしばしば鼻をつき、車は渋滞してバイクタクシーがするすると隙間をすり抜ける。外を歩けば暑くて汗が滴り落ち、建物の中に入ればガンガンに効いたクーラーに身震いするし、屋台で1食100円ほどのお弁当を買う時は安さに驚く。ただ一方で、経済成長は続き、近代的なビルがどんどん建ち並び、普通のレストランで食事をすれば日本で外食するのとそう変わらない値段の伝票を手渡される。

快適で何でも安いとはいいがたい。が、従来の東南アジア感と経済発展による利便性が同居した街には居心地の良さを感じた。アテンド業を営みながらバンコクに移住した日本人の多くが同じようなことを言うし、「客」たちもこの土地を気に入る人が少なくない。

「ＬＧＢＴ天国」などと称されるこの地は、タイに移住した当事者の第二世代のアテンド業にとっては、「働きやすい職場」なのかもしれない。

ただ、留意しておきたいのは、タイが本当に「ＬＧＢＴ天国」なのかは立ち止まって考えるべきということだ。

たとえば制度上の課題は多い。タイでは性別適合手術を受けたとしても、戸籍上の性別を変更できない。この点は日本の方が進んでいるぐらいだ。同性婚を認める動きも一時あったが、いまのところ実現していない。

また社会に差別・偏見が存在しない、というわけでもない。タイ人としてバンコクに暮らすアクアビューティのミドリさんも「まだまだトランスジェンダーへの差別はある」と話していた。タイ国内では「職業や仕事」においてトランスジェンダーの60・１％が「差別を受けた経験がある」と回答している。[★4] トランスジェンダーの人が活躍できるのはエンターテイメントや美容、小売業界などに限られ、官公庁や大企業では働きにくい。タイではメディアにもＬＧＢＴの人々が多く出演しており、一見、市民権を得ているようだが、一

★4　出典は「タイ：「同性婚」法案の背景と課題　不安定な政治と不寛容な社会を乗り越えられるか」（アジアンインサイト大和総研）─https://www.dir.co.jp/report/asia/asian_insight/20180518_020092.pdf

方で性的少数者に与えられる役回りやキャラクターは一面的であるという批判もある。この指摘は、アクアビューティの坂田が日本のテレビ局から手術経験者の客を紹介してほしいと頼まれても断っているというエピソードを思い起こさせた。

そう都合のいい「天国」があるわけではなさそうだ。ただ、タイにいればトランスジェンダー云々の以前に〝外国人〟でいられる。特に日本人は一般的に裕福とみられていて、タクシー運転手から料金をふっかけられることはあるものの、邪険に扱われることは少ない。それが居心地の良さに繋がっているだろう。ＩＳＫバンコクの矢野は「タイ人は日本人ほど他人に関心が無いように感じる。だから気楽」とも話していた。

アテンド業は「金儲け主義？」

ここで、アテンド業の語られ方にも注目したい。

私が普段接している新聞報道や、日本の医療者側から見ると、タイの医師の技術の高さはみな認めるところだが、一方でタイでの手術自体、とくにアテンド業の存在は負のイメージとともに語られることが多い。

ただ、アテンド業界のプレーヤーたち、そして当事者たちの手術を求める切実な声を聞いてきた筆者としては、アテンド業がタイという環境に目をつけ、手術の「安定供給化」に一役買ったことを一定程度評価したい。取材先への「肩入れ」とおもわれるとしても。

アテンド業によくある批判は「金儲け」に対するものだ。取材した医療関係者の中には「アテンド業は金儲け主義」とはっきり言う者もいた。たしかに商売として、営利を目的としてタイの病院と日本人を仲介し手数料を得ている。[★5] 手数料が高すぎると感じる人もいた。日本にもしタイと同等の医療体制が整備されていれば、その手数料や渡航費は必要ないのだから、損したような気持ちになるのも理解はできる。

だが、アテンド業者がいなければ、日本人にとってこの20年間の性別適合手術への道は、もっと狭く細かったはずだ。多くの手術希望者が口コミや知人を頼って渡航し、そしてその道がない人は諦めていたとすると、アテンド業者がその間口を大きく広げたことは一定

★5　最初期については寡占状態だったため、価格について高いと感じる人は多かったようだ。だが、新規参入が増えて、価格に見合ったサービスを各社見直し、さらにサービスの差別化も進んでいる。また、タイの病院側も悪質な業者やルール違反に目を光らせており、病院からアテンド会社へ実質的な〝出禁処分〟などの「制裁」のような事例も見聞した。制裁の是非は置いておくとして、業界はゆっくりではあるが健全化の道を歩んでいるようにも見える。

程度評価できるのではないか。営利目的だとしても、あるいは、だからこそ、持続して「手術難民化」した日本人を救済してきた面があるのではないだろうか。医療関係者も、ＮＰＯやボランティア団体も、そして国や自治体も担うことが難しい役割をアテンド業者が果たしていることを認め、むしろ彼らの事業をどう活用し、手術を必要とする人のための環境を改善していくか、考えていく流れがあってもいい。

ただし、アテンド業に問題がないかといえばそんなことはない。改善すべき点はかなりある。

アテンド業の「最低条件」

本書ではたびたびアテンド業の未成熟な部分もみてきた。そのなかでも最大の課題としては、アテンド業者の「質」を担保できるかどうかだろう。

命のかかった手術やケアを仲介するアテンド業者としての責任は重い。最低限、必要とされる諸条件は次のようなものが考えられる。

・法律をクリアしているか（タイで法人化しているか、ビザ、労働許可証などを得ているか。あるいは、日本で法人化して信頼できる現地会社と提携できているか）
・現地のアテンドスタッフが医療の専門用語を通訳できるレベルでタイ語や英語の言語能力を有しているか
・性同一性障害や手術・治療についての医療の知識を有しているか
・インフォームド・コンセントを含む意思疎通を可能にするコミュニケーション能力を有しているか
・個人情報の管理を徹底しているか
・キャンセル時の対応が明確か
・滞在期間が延びた場合の対応が明確か
・帰国後の対応も保証できているか

自分が手術を受ける当事者だと想定すれば、アテンド業者には最低でもこれらを遵守してほしい。だが、業界の自浄作用に期待するだけでなく、アテンド業界側と日本の医師たち、ＧＩＤ学会、学識者など関係する機関が、こうした業者の質を担保する方法として、アテンド業の資格化や登録制度、認定制度などを検討することできないだろうか。

たとえば日本向けのメディカルツーリズム施策の中のひとつに、日本での治療を望む外国人向けに、受け入れ先医療機関と患者のマッチングをおこなう事業者を「国際医療交流コーディネーター」として登録する制度がある（窓口は経済産業省）。業務内容は現在のアテンド業とよく似ている。

アテンド業に対しても、タイあるいは日本が国としてこうした登録制度を作ってくれるのがベストだが、現実的には難しければ日本の関連団体が、しかるべき能力・環境を有するアテンド会社に認定を与えることはできないだろうか。免許のようなものでなく、お墨付きのようなものでもいい。優良アテンド業や日・タイの医師、自助グループなどが連携して、個々の患者のケースの情報を共有できる環境が構築できれば客の不安と負担はかなり軽減されるのではないか。ただ、そうする場合は、認定基準の設定には注意が必要だ。ハードルが高過ぎると、当事者にとって手術を受ける間口が狭くなってしまう。〝非認定〟や〝無資格〟の〝ヤミアテンド業者〟のような存在が現れかねない。また、認定する機関はどこまで責任を負うのか。たとえば手術で事故が発生した場合などを想像すると、アテンド業者としての責任をどれほど検証できるか分からない。議論すべき事柄は尽きないが、いずれにせよ「当事者ファースト」で、より安心して手術を受けられる環境を考えていくべきだ。

さて、盤石にもみえる「タイルート」だが、実は性転換ビジネスをめぐる勢力図が大きく変わる出来事が最近起きていた。

性別適合手術が保険適用されることになったのだ。日本国内で安価に手術を受けられるようになれば、リスクのあるタイ渡航を考える人は減るだろう。アテンド業の仕事もなくなるかもしれない。アテンド業、そして性転換ビジネスの状況は今後どのような局面を迎えるのか。次章でみていこう。

第6章　性転換ビジネスの未来

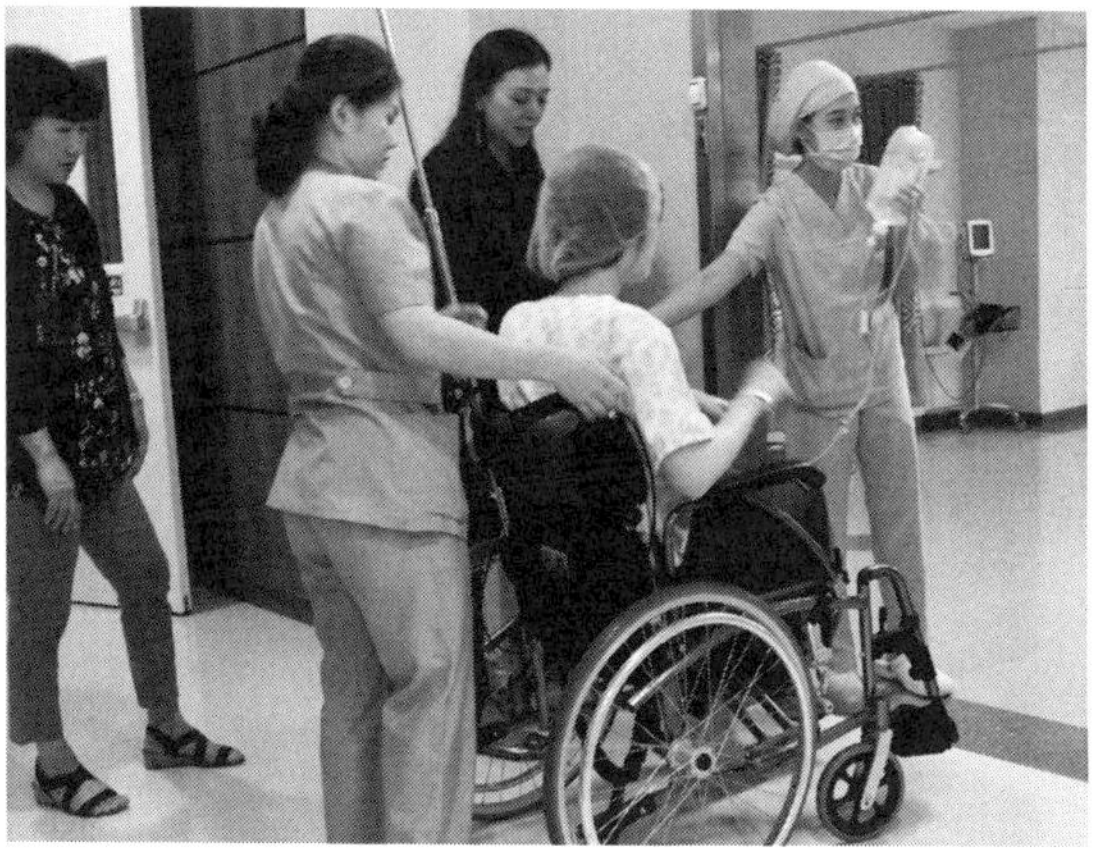

手術の保険適用

大きな流れでみれば、日本における性同一性障害を持つ人々、ならびにトランスジェンダーをとりまく環境はゆっくりとだが正の方向に前進している。当然、性転換ビジネスもこの流れに合わせて変容し、性転師たちの行動や思惑も変わっていく。

まずは、直近で大きなニュースになった、「手術の保険適用」のあらましと問題点をまとめる。そして、日本の性転換にかかわる各プレーヤーが今後をどのように見据えているのか。彼らの視線の先を見ていこう。

実はこれまで本書で紹介してきたような一連の性別適合手術は、2018年4月から、公的医療保険の適用が認められるようになった。この業界では大きなニュースで、当事者たちは朗報として喜んだし、アテンド業に携わる人たちはこれでタイへ渡航する「客」が激減するだろうと予測した。少し大袈裟に言えば、アテンド業界の〝終わりの始まり〟だった。

日本は国民皆保険制度があり、保険適用となる医療を受けた場合は、３割以下の自己負担で済む。だが、性同一性障害に関しては、精神科でのカウンセリングなどの精神療法は保険が適用されているものの、ホルモン療法と手術については適用外だった。手術費用は渡航費も含めればタイであっても数十万～数百万円かかるため、経済的に余裕のない人は手術を受けることが難しい状態だった。

それだけに、このニュースは悲願の達成ともいえた。

ところが、実際は適用条件が当事者の実態と合っておらず、適用される人がほとんどいなかったのだ。

保険の「穴」

筆者は２０１８年11月に共同通信社から「公的保険適用、半年で１件　心と体一致の性別適合手術　制度機能せず、国外へ」との見出しで記事を配信した。次に引用するのはその冒頭だ。

「心と体の性が一致しない性同一性障害（ＧＩＤ）の人が受ける性別適合手術に４月から公的医療保険の適用が認められたにもかかわらず、性器の除去と形成をする手術については、保険適用の事例が半年で１件にとどまることが、ＧＩＤ学会認定病院への取材で分かった。ほとんどの患者は保険が適用されないホルモン製剤投与のステップも必要なため、手術が「混合診療」とみなされて医療保険の対象外となる。費用が大きく変わらず手術が盛んなタイへの渡航につながっており、この分野の医師は『ホルモン治療は医学的に避けられず、保険制度が機能していない』と訴えている」

性同一性障害の医療サポートにはガイドラインに沿って、大きく分けて３つのステップがある。まず、①精神科医のカウンセリングを受けて性別違和の診断を受け、それをもって治療開始となる。②しばらくはホルモン製剤を投与する治療を受け、体の特徴を段々と頭が認識する性に近づけていく。③そして体がなじんでくれば、性器の手術や乳房の切除などの外科的な治療に移る。

だが、２０１８年の保険適用は対象とされる範囲が狭かった。前述のステップの中で、対象になったのは最後のステップ、つまり性器の手術や乳房の切除だけ。もちろんそれらの手術の金銭的な負担は大きく、保険が適用されること自体は望ましいのだが、実際にいきなり外科的な手術を受ける例はほとんどない。繰り返しになるがガイドラインに沿って、まずはホルモン製剤を投与する治療を受けるのが一般的なのだ。このホルモン製剤投与は保険適用の対象ではないので「自由診療」となり、自己負担となる。

するとと何が起きるか。ホルモン療法→手術、という流れが、保険外診療（自由診療）→保険診療、とみなされる。この状態は自由診療と保険対象治療が混ざっている「混合診療」であり、一連の治療すべてが「保険対象外」となり、10割自己負担となるのだ。ホルモン療法をしない例は、ガイドラインに沿う以上ほとんどないのだから、実質的に手術費用が保険の対象になる人はほとんどいない。

また、対象となる医療機関も限定的だった。①ＧＩＤ学会に認定された医師がおり、②20例以上の手術実績があり、③形成外科、泌尿器科、産婦人科のいずれか認定医がいる病院だ。この３条件をクリアしていて性器に関する手術を実際に担える状態だったのは、２０１８年10月時点で札幌医大病院、山梨大病院、岡山大病院、沖縄県立中部病院の４施設に限られた。[★1]

★1　ほかに岡山県の光生病院も保険適用の対象病院だが、乳房の摘出手術が中心。

筆者は、これらの病院に取材して、保険適用が始まった2018年4月から10月中旬までに保険適用された事例がないか調べると、性器に関する手術が計28件も実施されていたにもかかわらず、やはり保険適用になった例はほとんどなく、適用は山梨大で実施された1件だけだったことが分かった。

1件の適用例も「非常に例外的」

この「1件」はホルモン療法に当事者の体質がどうしても合わず、やむを得ずホルモン療法をせずに手術をした事例だった。担当した山梨大の百沢明医師は「非常に例外的な事例で、本来はホルモン療法で経過を観察してから手術に移るのが望ましい」と強調する。手術は性器にメスを入れるもので、一度実施すれば取り返しがつかない。だからこそ、ホルモン療法によって体の特徴が変化しても違和感が発生しないか、慎重に判断する必要がある。

その後、2019年6月には共同通信から「保険適用1年で4件だけ　性別適合手術、学

会まとめ　制度に問題、改善求める」との続報記事も配信された。半年で1件から、1年で4件と保険適用例は相変わらず伸びていない。記事によれば「保険適用が認められる認定病院で実施された手術は約40件で、適用は1割程度」にとどまっている。[★2]

厚生労働省としても多くの性別適合手術が混合診療扱いになる現状を問題視している。だが、ホルモン製剤が性同一性障害に有効とする十分な資料が揃っておらず、薬事承認が取得できていないため、すぐに公的医療保険の対象に含めることができないという。GID学会会長で、岡山大病院の中塚幹也医師らが海外の論文などを収集し、それをもって薬事承認が得られないかと検討を重ねている。中塚は「手術の保険適用が認められたということは、国から正当な医療として認知されたということだと思っている。ホルモン療法にもそれが認められる日が来てほしい」と期待する。

★2　女性から男性への手術の中で、性器ではなく乳房を切除する手術については、ホルモン療法なしで実施されることもあり、そのため保険適用の対象になることも多い。

性同一性障害から性別不合へ

この本でも繰り返し使ってきた「性同一性障害」。その名称が変わることはまだまだ知られていない。

２０１８年６月18日、世界保健機構（ＷＨＯ）は、国際疾病分類「ＩＣＤ」の改定を発表した。これは日本を含む各国が診断の基準にするリストで、今回発表された「ＩＣＤ‐11」は29年ぶりの改定になった。

ＩＣＤ‐11では、性同一性障害が「性別不合（Gender incogruence）という名称に置き換えられた。ＩＣＤ‐11が効力を持つ２０２２年１月以降に、日本での診断名や法律名、また「性同一性障害の診断と治療のガイドライン」、ＧＩＤ学会など関連する名称も、ゆくゆくはそれぞれ「性別不合」と改まる可能性が高い。

さらに、注目すべきは分類の変化だ。

従来の「ＩＣＤ‐10」では、性同一性障害は「精神及び行動の障害（disorder）」リスト、いわゆる精神疾患に分類されていた。だから、性同一障害と診断された患者は、治すべき病気・障害を持っていると解釈され、社会的な汚名（スティグマ）を着せられることが問題視されていた。自分の性がどうあれ「病気」呼ばわりされたくない、という気持ちは非当事者にも想像しやすい。

だが改定されたＩＣＤ－11の「性別不合」が入るのは、下位分類「Conditions related to sexual health」の中である。日本精神神経学会の訳語案では「性の健康に関連する状態」と訳される。一方で、厚生労働省の試訳では「状態」ではなく「病態」と訳されている。「状態」であれば、疾患ではないと一般に解釈されるし、「病態」だとすると、性別不合も疾患のひとつということになる。ただ、最終的な厚労省の訳語がどうなるにしろ、「性別不合」は精神疾患から離れた表現・分類がされている。前述のような問題意識を受けての変更であろう。

もし性別不合の分類名が「状態」と訳された場合、「性別不合」は病気ではないため、手術が保険適用されなくなるのではと思う人もいるかもしれない。だが、これについては、厚労省が非公式ながら継続して保険適用する方針で検討しているようだ★3。

★3　針間克己『性別違和・性別不合へ　性同一性障害から何が変わったか』121頁

なお、本書では、「性同一性障害」という語が医学用語、法律用語にとどまらず幅広く使われていることを考慮し、この名称を使用している。

手術なしで戸籍変更の動き

性同一性障害の当事者が性別適合手術を受ける動機のひとつに戸籍上の法的性別を変更したいというケースがある。

アクアビューティを利用し、ＭｔＦの手術を受けたケイコさん（当時23歳）もそうだった。結婚や急病で搬送されたときのことを考えて、戸籍上も女性にする必要を感じたが、手術後に激痛に苦しんだ。「手術しなくても女として生きていけるならしたくなかった」という彼女の言葉は重い。当事者を取材すると「戸籍の変更云々ではなく認識している性と違う体がどうしても嫌だ、何がなんでも手術したい」というタイプの人も少なくないが、一方でケイコさんのように「このままの体でも別の性として生活できるなら手術しなかったかもしれないが、戸籍変更するために決断した」という人も実は一定数存在する。

手術は心身ともにリスクがあり、費用負担も小さくない。だが、日本では戸籍の法的性別を変えるには性別適合手術が実質的に必須条件になっている。[★4] これは性別変更を望む当事者に、手術を事実上強制するようなものだ。本来、手術までは必要としなかった可能性のある当事者までが、国の制度のために手術を受けることが望ましいとは思えない。

心身と経済的に大きな負担を与える手術を強制する日本の現行制度には、世界的に厳しい目が向けられており、２０１４年にはＷＨＯなど国連諸機関が「性別変更の際に法律で手術を要件化するのはトランスジェンダーへの人権侵害」という内容の声明を出している。実際、世界的な潮流は手術なしの性別変更へ傾いている。イギリスやデンマーク、アルゼンチンのように、ホルモン療法や外科手術をせずとも自己申告で性別の変更が可能な国は増えている。

日本のＧＩＤ学会も２０１９年になってこの声明を支持し、手術要件の撤廃に動きはじ

★4　戸籍を変更するための要件は、「性同一性障害者の性別の取扱いの特例に関する法律」によると以下の通り。「四」「五」が手術要件と解釈される。
一　二十歳以上であること。
二　現に婚姻をしていないこと。
三　現に未成年の子がいないこと。
四　生殖腺がないこと又は生殖腺の機能を永続的に欠く状態にあること。
五　その身体について他の性別に係る身体の性器に係る部分に近似する外観を備えていること。

めている。ただいまのところ、日本政府に目立った動きはない。いつか、日本でも手術なしで性別が変更できるときがくれば、やはり性別適合手術を希望する人間は今よりも減るとみられる。ただ、そうなったとしても、戸籍の性別変更に関係なくどうしても体を認識する性に合わせたいという人のために、手術できる環境の整備も欠かせないことは言うまでもない。

15歳以下向け「ホルモン製剤」

医療機関もトランスジェンダーの人々のQOL向上に心を砕き、さまざまな試みを進めている。

たとえば、ホルモン製剤の保険適用を推し進めている岡山大の中塚医師は、「二次性徴抑制療法」に注目している。二次性徴とは男性であれば変声や骨格の変化、女性であれば乳房の発達や月経の到来などを指す。最近では日本でも、性同一性障害が割と広く社会に認識されるようになり、以前に比べて小学生や中学生の親が、子供が抱える性別の違和感を察知する例が増えている。ただ、トランスジェンダーの問題に取り組む国際団体（ＷＰＡＴＨ）の指針では、ホルモン剤を投与する対象は16歳以降にすべきだと定められている。子供の場合、いくら精神科医が丁寧にカウンセリングをおこなっても、本当にそれが性同一性障害に起因する性別の違和感なのか、あるいは子供らしい勘違いなのか、正確な診断が難しいという事情がある。

そこで中塚が勧めるのが二次性徴抑制療法で、この療法は同指針でも一定の条件を満たした場合に推奨されている。抑制療法では、簡単に言えばそれぞれの子供が男性らしく、女性らしく成長していく（二次性徴）のを、ストップさせることができる。たとえば頭が認識する性が女性なのに、ひげが生えてきたり筋肉質になったり、声が太く変わってしまったりすると、その子は焦燥感に駆られ、精神的に不安定になることが多い。逆もまた然りで、頭が認識する性が男性なのに、胸がふくらみ月経が来て理由も分からない怒りの感情に掻き立てられることなどがあるという。それに、そうした葛藤で苦しんでいる当事者を、事情が分からない周囲の子供がからかい、いじめの対象となるような例もある。そうなって心に傷を負うと、その後社会に復帰するのにも時間がかかるなど長期にわたって様々な弊害が発生することになる。

二次性徴抑制療法自体はホルモン療法と似ていて、ホルモン製剤の一種とも分類される製剤を投与する。それで体がそれぞれの性らしく成長するのを止めておき、もう少し成長してからホルモン療法やその先の性別適合手術に進むかどうか決めていくことになる。

課題はこちらもやはり保険適用だ。「二次性徴抑制療法にも健康保険の適用がなく、月に2〜3万円はする費用が自己負担となる」(中塚)。実際に親に金銭的な余裕がなく、せっかく始めた投与を中断した例もあるという。

拠点の増加と若手の育成

保険適用の医療サポートが受けられる医療機関を増やすため、山梨大の百沢は後進の育成が急務と考えている。

百沢は原科医師が退官した後の埼玉医大に勤務し、その後2012年から山梨大に赴任して性別適合手術を手掛けている。男性から女性への手術を中心に、取材した2018年10月時点で約50例の性器の手術をおこなっていた。ジェンダーセンターは立ち上がっていないが、関東周辺には学会認定病院がなく、このエリアの拠点病院となるべく努力している。

技術を磨くため同じく性別適合手術を手がける医師と、タイの民間病院に視察にも行ったこともある。ただ、タイの医師にとって日本人医師は患者を奪い合うライバルともなり得るため、なかなか手術の肝心な部分を見せてもらえないなど苦労もあったという。

百沢は「最近は性同一性障害への理解が広がってきた影響か、この分野に関心を持って自分のところに話を聞きに来る若い医師も増えつつある。ただ、技術を駆使する手術なので、まずは一般的な外科手術に熟練する必要があり、すぐに担い手が増えるというわけではない」と話した。岡山大病院の難波祐三郎医師も技術を広めたいと考えている。現在はＧＩＤ学会認定病院の沖縄県立中部病院には、かつて研修に出向き手術指導をおこなった。難波は「全国各地に手術を担う拠点病院ができるのが理想だ。手術はいくらでも見せるので積極的に声を掛けてほしい」と話している。

「現代の和田のように」

和田医師が亡くなったあとも、国内の民間病院で手術を受ける人はかなり多い。その傾向はありまンタルクリニックの調査からも伺える（本書268～269頁）。FtMの実績が多く、G-pitの井上によれば乳房の摘出手術に関してはタイに行かずに日本の民間病院で受ける例も多くなってきているという。

ナグモクリニック名古屋の山口医師は、民間ならではの働き方で存在感を増している。山口は以前、原科のもと埼玉医大に在籍しており、同大を辞めたあとも性別適合手術の分野に大きな関心を持っている。そこで、当時海外で先進的とされる病院をめぐり、少しでも技術を学ぼうと現地の医師に会っていた。約1年かけてタイ、台湾、韓国、セルビアなどを回り、実地で技術を学んできた。

帰国後、ナグモクリニック東京院長を経て、ナグモクリニック名古屋の院長になる。民間のクリニックは、埼玉医大に比べると「自由に手術できて、小回りが効く」のだという。手術の経験を重ねながら、GID学会の役員のような「硬い」役割も務め、テレビやラジオ、雑誌などメディアに登場し、性別適合手術の知識を伝えている。こうした働き方をしている医師はほかになかなか見当たらない。

広報的な役割を務める人の存在は、当事者にも非当事者にも正確な情報が行き渡るという点で意義は大きい。特に取材で山口が最後に発した言葉が印象に残った。「私はね、現代の和田（医師）のようになりたいなって今は思っているんですよね。埼玉医大にいた時は目の上のたんこぶと思ってたんだけど。今は自分がそういう状況だからね」

アテンド業界がなくなる日

「手術の安定供給に一定の役割を果たしてきたアテンド業者だが、いずれその役割はお役御免となりそうだ。右肩上がりの未来は想像しがたく、〝斜陽産業〟ともいえるだろう。自分なら、今から参入しようとは思えない。

だが、性転師たちは、日本の医療界にパイが奪われる！と慌てていない。冷静に状況を受け止め次の事業を練っており、国内の環境の改善についてはむしろ喜んでいる。彼らは商人であると同時にこの十数年、当事者と向き合ってきた人間の一人だからだ。

たとえばアクアビューティの坂田はこれまで、ヤンヒー病院の医師を日本に招き、見込み客向けの説明会を開いてきたが、その際、日本の医療関係者向けに講演会をコーディネートすることもあった。日本の医師の技術力が上がることは自身の商売にはマイナスだが「たくさんの当事者と接してきたからこそ、国内に選択肢があまりに少ないのはかわいそうだと思った」と言う。だから手術の保険適用の第一報が入った時も、当事者にとっては喜ばしいニュースだと受け止めた。予想通り一時的に予約客は減ったが、従前から顔面の美容整形やダイエット目的の客の斡旋にも力を入れ、業務を多角化して備えていた。

G-pitの井上は当事者ということもあり、手術の保険適用には手放しで賛同する。「ビジネスとして考えたら（保険適用は）本当にやばいなって思うけど、ただ、いつかアテンド業はなくなると思っているんです。自分は他に農業をやってみたり、不妊治療（の斡旋も）もやったりしていて。保険適用になること自体は大賛成です。葛藤もないかな。アテンド業もたまたま波に乗ったという感じなんです。いつか海外の人が日本にやってきて性別適合手術を受けるようになったら、それをアテンドするのも良いですよね」。

アテンド業は「悪」の存在ではないというのが私の実感だ。果たしてきた一定の役割があるし、今後も必要とする人がいる限りはその役割を果たし続ける責任もある。ただ、この業界が消滅していく、役割を終えていくということは、すなわち当事者を取り巻く日本国内の環境が良くなっていくということでもある。その趨勢は反比例していき、両立することはなさそうだ。アテンド業界を今すぐなくすべきだ、ということではない。しかし静かにその任を解かれ、退役していくことが「性転師」に望まれる未来なのだろうと思う。

終章
「外側」から見た性同一性障害の話を。

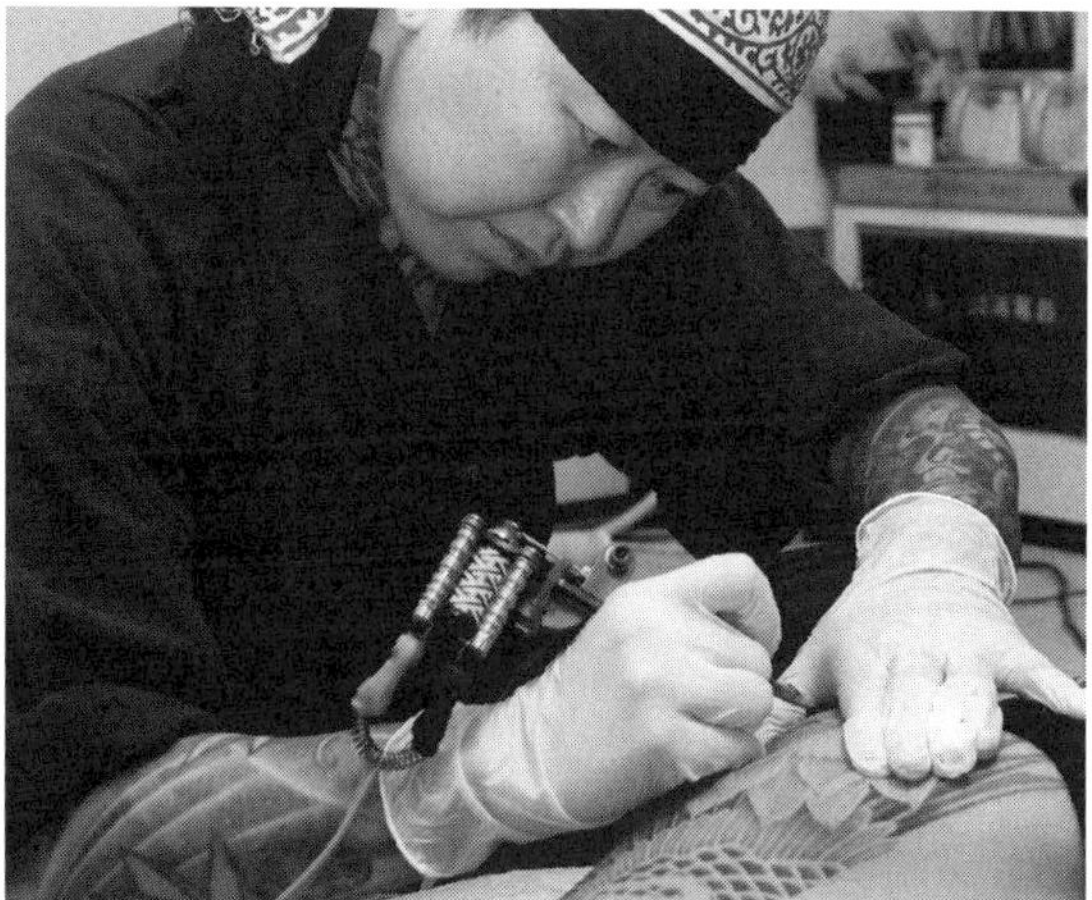

彫蓮の「ボランティア」

「どうぞー、入ってー」。大阪市浪速区の古びたアパートの1室。狭い共用階段を上ってたどり着いた玄関をノックすると、彫蓮《ほりれん》の声が漏れ聞こえてきた。恐る恐る扉を開けると、奥の和室にうつ伏せで寝転がった若い女性のお尻が見えて息を呑んだ。ほとんど全裸のその女性の脇で、彫蓮はバーナーのような道具を使って女性の背中にタトゥーを施している真っ最中だった。「ここでお話をお伺いしてしまってよいんでしょうか」。またも恐る恐る尋ねると、彫蓮と女性客はクスっと笑い、そばに座るように促された。

２０１９年4月、私は2回目のタイ渡航の準備を進めていた。国内で性同一性障害の当事者に会ったり、アテンド業者のホームページを調べたりしていたのだが、そのなかで、意外な職業の人物に出会うことになった。「彫蓮」と名乗る彫り師の女性だ。つまりタトゥー、刺青を彫る職業だ。

バンダナを頭に巻きつけ、作務衣のような衣服を身に付けた50歳の彫蓮は「和」の雰囲気をまとっている。彫蓮はこの業界では有名人らしい。大阪のこのアパートは拠点のひとつで、埼玉にメインの拠点があり、さらに世界各国の客にも招かれて施術を重ねている。おどろおどろしく、妖しげな色気をもつ和柄を得意としている。

彫蓮に取材のお願いをしたのは、彼女がある「ボランティア」をしていると聞いたからだった。そのボランティアというのは、女性から男性への手術を受けた人を対象に、形成したペニスにタトゥーを彫るというものだ。いわゆる絵柄を入れるのではなくて、本物のペニスのようなシワや皮の重なりを再現するような、描写的な柄を入れていく。

彫蓮がこのボランティアを始めたのは約10年前。知人をつてに彫蓮の腕前を聞きつけた当時30代のコウイチ＝仮名＝から連絡が入った。コウイチはＦｔＭの手術を受け、陰茎形成まで終えていた。ただ、それでも悩みが残っていた。股間付近の皮膚の色合いと、形成したペニスの色合いが若干違ったのだ。形成ペニスは、脚や腕などから皮を移植するため、色合いが若干合わないことがある。コウイチは、さらに本物の風合いに近づけたいと方法を模索していた。日焼けサロンに行ってみてもうまくいかず、ふとタトゥーならその色合いを合わせる最後の仕上げができるのではないか、と思い立った。

「そんな（陰茎形成の）手術の存在も知らなかったから、本当に驚いたよね」と彫蓮は依頼を受けた当時を振り返る。コウイチから手術の詳細を聞き、尊敬にも似た感情がわき起こったという。「ある意味、人生をかけて、命懸けでそういう手術を受けているわけだよね。そこまでやるんだって。そこまでの想いなんだって思ったら、引き受けてあげようと思った。お金も取らないで、やってあげるよって」

彫蓮は客のペニスに竜のタトゥーを入れた経験はあっても、形成されたペニスに彫るのは初めてだった。手術の存在自体を知るのも初めてなのだから、もちろん実際に形成ペニスを目の当たりにするのも初めてだ。それに、普段は絵柄を彫り込んでおり、デッサンのように本物に近い表皮などを再現した経験はない。

彫蓮は事前に気心の知れた男性の友人に頼み込み、ペニスを見せてもらった。じっくりと観察し、目に焼き付けた。元々壁画製作の仕事もしていたので、絵には自信があった。よく観察して覚えたペニスの表面を、いざコウイチの形成ペニスに彫り込んでいく。

形成されたペニスとはいえ、手術では神経をつなげているから性感が感じられるほど敏感になっている。コウイチは激痛に悶えた。施術は休憩を挟みながら約8時間に及んだ。

出来栄えは満足いくものだった。口コミでこのことが一部の手術経験者のあいだに伝わった。噂を聞きつけたＦｔＭの男性数人が同様の依頼をしてきたので、彫蓮はタトゥーを施した。通常は15万円ほどする内容だが、この種の相談には彫蓮はすべて無料で引き受けている。

彫蓮の行動は立派だし、日本では普及していない医療タトゥーの先取りという意味でニュースバリューもある。だが、それ以上に、トランスジェンダーを含むＬＧＢＴ、性的少数者の人々の存在感が増すなか、自身を「非」当事者と感じている私のような人々が彼らとどう付き合い、よりよい世界を作り上げていけるかを考える上でヒントがあるように感じた。

「外側」から見た性転換ビジネスの世界

そもそも自分は男なのか？　女なのか？　こんな風に考えたことがない人がほとんどだと思う。筆者も取材を始めるまではそうだった。この「考えたことがない」というのが厄介で、情報を持たないことは恐怖に、ときに排除につながる。

近年は性的少数者にあからさまな拒絶めいた言動をする人は減った。それはいいことだが、一方で「よく分からないから触れないでおこう」という態度を取ってしまう人もいる。振り返れば私自身がそうだったと思う。排除は拒絶だけでなくネグレクトとして表出することがある。あからさまな差別的な言動でなくとも、この「腫れ物に触るような」態度がある限り、当事者にとって生きやすい社会は実現しない。

彫蓮は性同一性障害の当事者ではないし、手術の存在を知らないくらいだからその方面の知識が豊富なわけではない、いわば「外側」の人間だった。すくなくともコウイチの相談を受けるまでは。ただ、初めて会う当事者の悩みに耳を傾け、手術の存在や内容に驚きながらも、相手の感情や経験を、敬意を払いながらしっかりと受け止めている。そのうえで自分のできる範囲で協力した。

筆者が性別適合手術まわりの世界を取材しようと思ったのは、アクアビューティの坂田との出会いだった。彼もかつては「外側」の人間だったが、当事者の悩みを受け止め、需要を見込んで、アテンド業を始めた。結果、多くの日本人にタイでの手術というサポートを20年近く提供してきた。かつて「外側」にいて「できること」をおこなった点では、彫蓮と同様だ。

本書に出てくるほかのアテンド業や医師たちの中にもかつて「外側」にいた人間はたく

さんいる。

彼らのように、性同一性障害の当事者でなく、また周囲に近しい人がいなくても、彼らの存在を真摯に受け止めることはできる。

多くの人が性同一性障害を持つ人々を理解したいと思っている。だが私と同じように「外側」にいると思い込み、深く立ち入らない人も多いのではないだろうか。だから本書では、敢えて当事者ではなくそのひとつ外側にいるアテンド業を中心に、性同一性障害と性別適合手術の世界を描くことを試みた。取材を進めるうちに、私は自分が当然のように「男」なのではなくて、出生時に割り当てられた性が「男」で、認識する性も偶然同じ「男」なのだと意識するようになった。「外側」を強調してきたが、そもそも「外」も「内」もないことに今更ながら気付かされる。本書を通じて、筆者と同じような感覚を今、多くの読者と共有できているとすれば望外の喜びだ。

＊

本書とそれに先立つ連載企画の取材には、当事者をはじめ、アテンド業者、医師、関係者と本当に多くの方々にご協力をいただいた。この場を借りて、心からのお礼を申し上げたい。

また、一連の取材は、勤務する共同通信社内で連載企画を立ち上げる形でスタートした。企画書を読み、1回目のタイ渡航の出張許可を通していただいた当時の神戸支局・儀間朝浩支局長と、その取材結果を基に全8回にわたる連載記事をチェックしていただいた前田新一郎デスク、そして取材や出稿にあたって多くの助言や配慮をいただいた上司・同僚に感謝申し上げたい。

柏書房の竹田純さんには編集を担当していただいた。昼夜問わず作業に没頭し、一緒に良い本にしようと全力で取り組んでもらったことに、心からお礼を申し上げたい。

最後に、執筆を応援し、本の完成を心待ちにしてくれていた家族、そして、妻に感謝したい。

２０２０年４月　伊藤元輝

「はりまメンタルクリニック」で執筆された戸籍変更診断書より

性別適合手術が行われた医療機関の分布

【男性から女性｜MtF】

	日本	ナグモ	埼玉医大	山梨大	和田（LC）	その他	タイ	ヤンヒー	ガモン	スポーン	PAI	ミラダ	その他	ほかの国	合計
2005	3				3		18	3		1	3		11	2	23
2006	9		2		7		18	4			4		10	1	28
2007	2				2		8	3	2		1		2	1	11
2008	6	4	2				30	11	2		2		15		36
2009	7	7					16	5	3	1	1		6		23
2010	13	12				1	13	5	4	1	1		2		26
2011	13	12				1	18	6	6		1		5	2	33
2012	12	9	2		1		19	5	5		4		5	1	32
2013	9	9					11	4	3		1		3		20
2014	13	11		1		1	17	4	10	2	1				30
2015	16	10		2		4	20	5	9	1	3		2	1	37
2016	14	9		2		3	22	6	13	2	1				36
2017	16	12		2	1	1	20	2	16	2					36
2018	15	12		2		1	24		20	2		1	1	1	40
2019	11	9		1		1	29	3	21	1		4			40
累計	**159**	116	6	10	14	13	**283**	66	114	13	23	5	62	9	451

略称一覧

ナグモ＝ナグモクリニック（東京、名古屋、大阪ほか）

深江＝深江レディースクリニック（石川）｜埼玉医大＝埼玉医科大学総合医療センター（埼玉）

山梨大＝山梨大学医学部附属病院（山梨）｜赤心堂＝赤心堂病院（埼玉）

和田（LC）＝わだ形成クリニック（大阪）、LCクリニック（東京）※院長が同じ

ヤンヒー＝ヤンヒー国際病院

ガモン＝ガモン病院、MtFサージェリーセンター、ガモン・コスメティック

スポーン＝スポーンクリニック｜PAI＝プリーチャ美容機関｜ミラダ＝ミラダ病院

「はりまメンタルクリニック」で執筆された戸籍変更診断書より

性別適合手術が行われた医療機関の分布

【女性から男性｜FtM】

	日本	ナグモ	深江	埼玉医大	赤心堂	その他	タイ	ヤンヒー	ガモン	PAI	その他	ほかの国	合計
2005	**5**			5			**3**	1		1	1	1	9
2006	**7**			2		5	**6**	6				2	15
2007	**10**	1		2		7	**17**	17				2	29
2008	**14**	1			8	5	**54**	48	3	1	2	2	70
2009	**21**	7			6	8	**35**	33	2			1	57
2010	**35**	23	4	1	2	5	**50**	37	9	1	3		85
2011	**30**	27	3				**51**	39	5	4	3		81
2012	**29**	16	9		2	2	**80**	50	17	1	12		109
2013	**45**	17	23			5	**82**	52	19	2	9		127
2014	**45**	25	17		1	2	**56**	34	16		6	1	102
2015	**66**	30	31		1	5	**60**	44	16				126
2016	**46**	14	31			1	**88**	56	32				134
2017	**56**	27	28			1	**67**	52	15				123
2018	**47**	20	25			2	**60**	34	26				107
2019	**39**	18	15			6	**64**	45	10			1	104
累計	**495**	226	186	10	20	53	**773**	548	179	10	36	10	1278

・「はりまメンタルクリニック」(東京都)の針間克己院長が、ブログ「Anno Job Log」にて公開している「戸籍変更診断書統計」より作成(戸籍変更申請のためには性別適合手術後、戸籍変更診断書を取得する必要がある。診断書には性同一性障害特例法に則り、手術を受けた医療機関を含む「治療の経過」の情報が記載される)。

・性別適合手術が行われた医療機関を日本とタイ、その内訳を年ごとにまとめたもの。

・2019年版はhttps://annojo.hatenablog.com/entry/2019/12/28/000000(2020年4月28日閲覧、2018年以前はリンク先にURLあり)

・実際に性別変更を請求した人の総数のうち毎年平均17.6%程度は同クリニックで診断書を取得していることから参考として。地域差があると考えられる。

主要参考文献

・石田仁、2019、『はじめて学ぶLGBT 基礎からトレンドまで』、ナツメ社

・伊藤元輝、2018、「ルポ 心の性を求めて」『宮崎日日新聞』、朝刊、2018年12月3～6日/同年同月11～14日（共同通信配信。ほか山梨日日新聞、中国新聞、河北新報など10紙に掲載）

・大島俊之、石原明編著、2001年、『性同一性障害と法律』、晃洋書房

・川本直、2016、『「男の娘」たち』、河出書房新社

・小西真冬、2018、『性転換から知る保健体育 ～元男が男女の違いについて語る件～』、KADOKAWA

・虎井まさ衛、1996年、『女から男になったワタシ』、青弓社

・中塚幹也、2017、『封じ込められた子ども、その心を聴く 性同一性障害の生徒に向き合う』、ふくろう出版

・針間克己、2019、『性別違和・性別不合へ 性同一性障害から何が変わったか』、緑風出版

・三橋順子、2006、「「性転換」の社会史（1）——日本における「性転換」概念の形成とその実態、1950～60年代を中心に——」「性転換」の社会史（2）——「性転換」のアンダーグラウンド化と報道、1970～90年代を中心に——」、『戦後日本女装・同性愛研究』、矢島正見編、中央大学出版部

・三橋順子、2015、「日本トランスジェンダー史」『現代思想』第43巻第16号、青土社

・三橋順子、2015、『女装と日本人』、講談社

・森山至貴、2017、『LGBTを読みとく クィア・スタディーズ入門』、ちくま新書

・山内俊雄、1999、『性転換手術は許されるのか』、明石書店

・吉永みち子、2000、『性同一性障害』、集英社

・吉野靫、2015年、「砦を去ることなかれ 繰り返し、忘れえぬ爪痕に抗して」『現代思想』第43巻第16号、青土社

・和田耕治、深町公美子、2019、『ペニスカッター 性同一性障害を救った医師の物語』、方丈社

写真クレジット

カバー表1右	アクアビューティ社代表の坂田洋介
カバー表1上	ガモン病院で性別適合手術のために手術室に入る当事者と アクアビューティのミドリさん
カバー表1左〜下	ヤンヒー国際病院
カバー表4	ヤンヒー病院で商談中のアクアビューティ坂田洋介と ヤンヒー国際病院のスタッフ

＊

序　章扉	バンコク・パッポン通り（2005年6月20日撮影）
第1章扉	入院中の客のお見舞いにきたアクアビューティのミドリさん
第2章扉	自社のYouTubeチャンネルに出演するG-pit代表の井上健斗（左）
第3章扉	ソフィアバンコクの槐佑哉代表とパートナーの女性
第4章扉	1998年に埼玉医科大学総合医療センターで性転換手術後、 会見する執刀医の原科孝雄・埼玉医大教授（左）（共同通信社提供）
第5章扉	ヤンヒー病院で商談中の坂田洋介（左端）とスポット院長（左から2番目）
第6章扉	ガモン病院で性別適合手術のために手術室に入る当事者と アクアビューティのミドリさん
終　章扉	施術中の彫蓮

特に断りのない写真は筆者撮影

伊藤元輝　いとう・げんき
1989年生まれ。早稲田大学法学部卒業。
大手証券会社に入社し、
厳しい営業職に音を上げて2ヶ月で退職。
充電期間を経て2011年10月、
記者として共同通信社に入社。
高松支局、大阪社会部を経て
現在は神戸支局に在籍。
事件担当を中心に、ルポタージュなど
連載企画にも取り組む。

性転師《せいてんし》

「性転換《せいてんかん》ビジネス」に従事《じゅうじ》する日本人《にほんじん》たち

2020年6月1日　第1刷発行

著　者　伊藤元輝
発行者　富澤凡子
発行所　柏書房株式会社
東京都文京区本郷2-15-13（〒113-0033）
電　話　(03)3830-1891（営業）／(03)3830-1894（編集）

装　丁　吉田考宏
ＤＴＰ　髙井愛
印　刷　萩原印刷株式会社
製　本　株式会社ブックアート

ISBN978-4-7601-5206-3